ÉTUDE DE LÉGISLATIONS ÉTRANGÈRES

SUR

LE MARIAGE
CIVIL ET RELIGIEUX

PAR

ÉDOUARD MOLLET

AVOCAT

DOCTEUR EN DROIT

PARIS

LIBRAIRIE RETAUX-BRAY

VICTOR RETAUX ET FILS, SUCCESSEURS

82, RUE BONAPARTE, 82

MDCCCXCIII

LE MARIAGE
CIVIL ET RELIGIEUX

ÉMILE COLIN — IMPRIMERIE DE LAGNY

ÉTUDE DE LÉGISLATIONS ÉTRANGÈRES

SUR

LE MARIAGE
CIVIL ET RELIGIEUX

PAR

ÉDOUARD MOLLET

AVOCAT

DOCTEUR EN DROIT

PARIS

LIBRAIRIE RETAUX-BRAY

VICTOR RETAUX ET FILS, SUCCESSEURS

82, RUE BONAPARTE, 82

MDCCCXCIII

A

Mon Père

PRÉFACE

Cette étude de législations étrangères sur le mariage civil et religieux a eu pour but de grouper différents types de législations intéressants à comparer entre eux ; de faire un rapide examen des points de contact qui les rapprochent et des dissemblances quelquefois inattendues qui les séparent.

Le mariage est l'institution qui reflète le plus fidèlement le caractère des peuples et leur état de civilisation. Il touche essentiellement à l'ordre public, car il réglemente la famille dans ses causes et dans ses effets. Il est le grand rouage de l'organisation sociale. Il est de plus, dans la manifestation de ses conditions de forme et de fond, la résultante des tendances civiles et religieuses des peuples.

Au début, nous le voyons se confondre avec les autres contrats tels que la vente : la femme est une chose *in commercio* que le mari achète plus ou moins cher. A Rome, où l'élément formaliste semble avoir atteint son plus haut degré, le mariage n'a cependant même pas la place d'un véritable contrat, car il peut dans certains cas résulter d'une situation de fait suffisamment prolongée sans qu'il soit requis de solennité spéciale. Les barbares tels que les Slaves font de l'épouse un trophée remporté par le mari. C'est ainsi que nous verrons que la forme usitée chez eux consistait non pas dans une demande, mais dans une menace faite les armes à la main au père de famille.

Toutes ces coutumes, plus barbares et plus païennes les unes que les autres, se trouvent bientôt renversées et évanouies par la glorieuse et bienfaisante apparition du Christianisme sur la

scène du monde. Le mariage n'est plus un contrat
de la vie humaine, c'est un sacrement, c'est-à-dire
un de ces contrats que l'homme consent et que
Dieu conclut. Désormais la femme est réhabilitée.
Elle est considérée comme l'égale de l'homme. Elle
reprend la place que Dieu lui avait faite et de
laquelle le paganisme l'avait chassée.

Le mariage, soustrait au fragile domaine des
contrats humains, constitua, avec les progrès du
christianisme, l'acte le plus saint et le plus sacré
auquel puissent s'associer deux créatures humaines.
L'élément religieux qui devint sa base fut en même
temps sa raison d'être et sa condition essentielle.
— C'est ainsi que nous verrons qu'en Russie la
différence de religion fut pendant de longues
années considérée comme le seul empêchement au
mariage.

Nous verrons qu'il fallut de longs siècles pour
détrôner le mariage religieux et arriver à le remplacer dans la conscience des peuples par le
mariage purement civil qui est bien le dernier
écroulement de la religion et de la foi.

Nous examinerons la coexistence des deux formes religieuse et civile ; dualisme qui date de longtemps et qui est raisonnable si l'on considère la nécessité d'une réglementation civile à côté de la célébration religieuse, mais qui ne se conçoit qu'autant que l'on ne donne à l'élément civil que la place et le rang d'une pure formalité et d'un simple enregistrement officiel de l'union religieuse.

Toutes ces considérations nous ont amené à examiner rapidement et dans un cadre très modeste les différentes étapes parcourues par l'institution du mariage à travers les âges et les nations. — Nous n'avons pas, tant s'en faut, la prétention d'avoir réuni tous les éléments nécessaires à l'exposé d'une aussi volumineuse matière. Nos efforts se sont bornés à mettre en relief les caractères principaux et les traits les plus saillants des législations de quelques nations d'Europe.

Notre grande préoccupation a été de rester fidèle à la plus rigoureuse vérité en puisant aux sources les plus autorisées les documents réunis dans cette étude (1). Et notre espoir est que le lecteur qui daignera nous lire ne nous refusera pas son indulgence en raison de la bonne volonté que nous avons apportée de tout cœur à ce mo‑ deste opuscule.

(1) Principaux ouvrages consultés :

M. Glasson : *Le Mariage civil et le Divorce.*

M. Lehr : *Droit civil russe. Droit germanique.*

N. Hucq : *Le Code civil italien.*

M. Pillons : *Célébration du Mariage.*

M. de Saint-Joseph : *Concordance des Codes étrangers avec le Code civil.*

Mommsen : *Histoire romaine.* — *Traduction d'Alexandre.*

M. Fustel de Coulanges.

M. Duruy.

ÉTUDE DE LÉGISLATIONS ÉTRANGÈRES

SUR

LE MARIAGE
CIVIL ET RELIGIEUX

LE MARIAGE A ROME

CHAPITRE PREMIER

CÉLÉBRATION DU MARIAGE

§ I

Dans une société où la religion était la base de la famille, nous pressentons que le mariage était un acte essentiellement religieux.

Le jeune homme, en se mariant, va introduire dans sa famille une jeune fille jusqu'ici élevée dans le culte de dieux étrangers à ceux de son fiancé, souvent même ennemis. Cette étrangère va être initiée aux rites de la religion du foyer, à des pratiques mystérieuses dont la famille garde le secret avec tant de jalousie, à ce culte qui est son patrimoine le plus sacré. C'est elle qui, désormais associée à son mari, va partager avec lui le sacerdoce. A elle de veiller à l'entretien du feu sacré et d'en écarter tout élément impur. A elle aussi de mériter la vénération attachée aux fonctions élevées qu'elle accomplit auprès de son mari, et de donner à cette famille l'héritier qui doit à son tour être le grand-prêtre de l'avenir. En un mot, c'est à la dignité d'*uxor* que la fiancée va s'élever.

Et pour elle-même, de quelle importance n'est pas cet acte qui à tout jamais va rompre les liens qui l'unissaient à la famille où elle a vu le jour, à ces dieux du foyer qui depuis son enfance entendent ses prières et reçoivent ses sacrifices. La maison de son père va lui devenir étrangère. C'est aux divinités de son époux qu'elle apportera désormais sa vénération ; ce sera leurs hymmes qu'elle devra murmurer. Le passé se couvrira d'un voile, elle doit l'oublier ; une nouvelle vie commence pour elle.

C'est là une transformation considérable ; la religion est nécessaire pour l'opérer. Des rites spéciaux seront observés ; et que les époux ne songent point à s'y soustraire, sinon le but du mariage serait manqué. De l'union libre ne peut naître qu'un *bâtard*, étranger au culte, incapable de le perpétuer. Il n'y a point de *filius-familias* sans union religieuse (1).

Cette union c'est la *Confarreatio*. « *Nuptiæ sunt divini juris et humani communicatio* (2). » Pour l'accomplir une première cérémonie religieuse est nécessaire, il faut d'abord que la femme abandonne le foyer où elle est née. « *Mulier*, dit Gaïus, *quæ in manum convenit, nisi coemptionem fecerit, potestate parentis non liberatur, velut flaminica Diatis; nam id senatusconsulto confirmatur, quo ex auctoritate Maximi et Tuberonis cavetur ut hæc quod ad sacra tantum videatur in manu esse, quod vero ad cetera perindè habeatur atque si in manum non convenisset. Sed mulieres quæ coemptionem fecerunt per mancipationem, potestate parentis liberatur: nec interest an in viri sui manu sint an extranei, quamvis hæ solæ loco filiarum habeantur, quæ in viri manu sunt* (3). »

La jeune fille est ensuite conduite au domicile de son mari, la famille qu'elle vient de quitter lui fait

(1) Consulter sur le culte domestique et les rapports du mariage avec la religion : Marquardt, *Le culte chez les Romains*, pp. 145 et s. et 364 et s.

(2) Dig., xxiii, 2, 1.

(3) Gaïus, 1, 136.

cortège, elle porte une couronne et des vêtements blancs; autour d'elle on chante des hymmes sacrés. Arrivé devant la maison du mari, le cortège s'arrête. On présente à la fiancée le feu, emblème de la divinité domestique, l'eau lustrale qui sert dans les sacrifices. Le fiancé s'avance, la jeune fille pousse un cri, et son mari, la tenant dans ses bras, lui fait franchir le seuil de sa demeure sans qu'elle y pose le pied.

C'est alors que le Flamine de Jupiter en présence de dix témoins commence la cérémonie religieuse proprement appelée: *Confarreatio*. C'est par elle que la femme va être initiée à la nouvelle religion qu'elle embrasse.

Nous ne nous arrêterons point à donner les détails tant de fois répétés de la *Confarreatio* (1). Quelques

(1) Consulter sur les formes de la Confarreatio, Gnïus. ɪ, 112; Ullp., tit. ɪx ; Servius, *Oencid.*, ɪv, v, 374, et *Georg.*, ɪv, 344; Terence, *And.*, 16, v, 60; Den. d'Hal., ɪɪ, 25; Pline, 8,48; Juv., 2, v, 124, *Sat.* ɪɪ, v, 124; Festur, v°; Cingulo, Patrimi, Farcum, Corolla Flammeum; Catulle, *Carm.*, 61, v, 73, v. 71; Petrone, 26; Lucain, ɪɪ, 357 et 358; Tertull., *De coronâ milit.* 8, 12, 13; Virg., *Eglog.*, 8, v, 30; Plutarq., *Quæst. rom.*, c. ʟxxxvɪ et c. xxx et xxɪx; Ovide, *Fastes*, l. VI, v. 219 ; Valère, *Maxime* l. II, c. ɪ, n° 2; Saint Augustin, *Cité de Dieu*, liv., VI. chap. ɪx, et liv. VII, chap. xxɪv.

Rappelons seulement d'un mot que la cérémonie de la *Confarreatio* consistait essentiellement en ceci: Les époux partageaient un gâteau de fleur de farine (*farreus*) que leur présentait le flamine. La jeune fille prononçait alors ces paroles sacramentelles : « Où tu seras, je serai ».

points spéciaux nous arrêteront seuls quelques
instants.

Les dix témoins sont présents pour représenter les
dix curies de la cité, car la cité est intéressée à cette
union qui doit assurer la perpétuité de l'un des foyers
qui la constituent. « A Rome, dit M. Mommsen, les dé-
curies et centuries ont rapidement disparu ; mais
on trouve un souvenir remarquable de leur existence
et même de leur influence encore persistante dans
un des actes solennels de la vie, celui que nous considérons avec raison comme le plus ancien de tous
ceux dont la tradition nous ait fait connaître les formalités légales ; le mariage par *confarreatio*. Les dix
témoins qui y assistent représentent la décurie ; de
même que plus tard dans la constitution aux trente
curies, nous retrouverons leurs trente licteurs (1). »

Le pontife procède au sacrifice, les nouveaux
époux font la libation et partagent le gâteau de fleur
de farine *(panis farreus)* que leur présente le flamine
« *Ubi tu Gaïus, ego Gaïa* », dit la jeune femme.

Ce que signifie cette formule, le voici : Si par
suite du mariage, la femme change de *gens* (2), le
nomen du mari qui est l'impression de la communauté de *gens* avec la femme ne doit pas être refusé

(1) Mommsen, *Histoire Romaine*, traduite par Alexandre,
Tome I, p. 96, note 1.

(2) La *gens* est l'ensemble de la famille romaine.

à celle-ci. « La formule du mariage, dit M. Mommsen... *Ubi tu Gaïus ego Gaïa*, n'a de sens que si la
fiancée, avant d'entrer dans la nouvelle maison et
le nouveau *sacra*, promet de porter le *nomen* du
mari, et ce nom ne peut être que le *gentilicum*, car,
d'une part, l'identité du prénom des deux époux
serait contradictoire et d'autre part, la femme n'a
pas juridiquement de prénom. C'est par hasard
que la formule se rapporte plutôt à *Gaïus* qu'à
OEmilius ou à *Cornélius* (1). Le pain de farine
que les époux rompent devant la flamine constitue
la partie principale de la cérémonie ; nous pouvons
nous en convaincre en consultant les textes. Les
jurisconsultes s'accordent à faire ressortir l'importance de cet acte. C'est d'abord Ulpien, c'est ensuite
Gaïus qui appellent l'attention sur cette partie
essentielle de la *Confarreatio* (2).

Tel est le mariage à l'origine de Rome. C'est une
cérémonie religieuse par laquelle la femme initiée
au culte de son mari devient son associée et tombe

(1) Mommsen, *Droit public Romain*, traduit par Girard, tome
V, p. 38, note 1.

(2) Ulpien, tit. ix. « Farreo convenitur in manum certis verbis
et testibus decem præsentibus et solemni sacrificio facto, in
quo ponis quo que farreus adhibetur. »

Gaïus, I, 112. « *Farreo* in manum conveniunt per quoddam
genus sacrificii... in quo farreus panis adhibetur : unde citam
confarreatio dicitur... »

dans sa *manus* (1). Les enfants qui naissent de cette union sont légitimes et possèdent l'aptitude à être flamines de Jupiter, de Mars et de Quirinus.

§ II

Avec le temps les sociétés se transforment. « Le droit, dit Ihering, comme tout ce qui naît et meurt, possède à toutes les phases de son développement un type déterminé. De même qu'un jeune homme ne saurait avoir le type d'un vieillard, ni un homme celui d'un enfant, de même les idées juridiques qui d'après notre observation doivent appartenir à une certaine époque, comme par exemple la prépondérance de la religion dans l'enfance du droit, ne sauraient démentir cette dépendance dans un droit quelconque (2). »

A côté du peuple romain uniquement composé de patriciens, se trouve une population sans organisation, une masse d'individus libres mais hors la loi. Leur nombre ira s'accroissant et bientôt cette

---

(1) La « manus » était la forme la plus complète de la puissance maritale.

(2) Ihering, *Esprit du droit Romain*, traduction de O. de Meulenaere, tome I, p. 78.

foule confuse formera la plèbe. Nous trouverons alors dans l'enceinte de Rome la population divisée en deux classes absolument distinctes : les patriciens et les plébéiens. Entre eux, aucun point de contact n'existe à l'origine, mais la plèbe prenant tous les jours plus d'importance, la société patricienne se verra obligée de compter avec elle. Alors commencera la lutte de la classe inférieure contre la noblesse; alors se déroulera la série des progrès incessants que feront les déshérités d'autrefois jusqu'au moment où la démocratie triomphante partagera le culte, les honneurs et la richesse avec les descendants des orgueilleuses familles de la Rome antique.

Ce qui caractérise la plèbe, c'est le défaut de religion, l'absence d'ancêtres, de culte, de foyer.

Elle n'est à l'origine qu'une masse de gens sans aveu pour lesquels Romulus créa l'asile à côté de la cité. Là viennent se réfugier les étrangers, les bâtards des patriciens, c'est-à-dire ceux de leurs enfants nés d'un commerce que le mariage religieux n'a pas légitimé, les *clientes* qui désertent la maison du *patron* pour lui préférer la liberté. Et puis ce sont enfin les familles qui, parvenues à Rome à côté des souches patriciennes, n'ont pas su trouver en elles-mêmes les éléments nécessaires à la fondation d'un culte.

La loi de la cité n'est point faite pour cette masse :
la loi, c'est la religion et la religion n'a de préceptes
que pour ses adhérents. Ceux qui ne la pratiquent
pas sont hors la loi. Pour eux le mariage sacré
n'existe pas, *connubia promiscua habent more fe-
rarum* (1). En fait d'autorité paternelle ils ont celle-
là seule que donnent la force et le sentiment naturel.
L'ager Romanus ne peut entrer dans le patrimoine
du plébéien. La justice n'existe pas pour lui. Les
droits politiques lui sont refusés. La religion de la
cité lui est formée. Son contact est impur.

« Le patriciat, dit M. Fustel de Coulanges (2),
s'était fait alors un gouvernement conforme à ses
propres principes, mais il ne songeait pas à en
établir un pour la plèbe. Il n'avait pas la hardiesse
de la chasser de Rome, mais il ne trouvait pas non
plus le moyen de la constituer en société régulière.
On voyait ainsi au milieu de Rome des milliers de
familles pour lesquelles il n'existait pas de lois fixes,
pas d'ordre social, pas de magistratures. La cité, le
populus, c'est-à-dire la société patricienne avec les
clients qui lui restaient encore s'élevait puissante,
organisée, majestueuse. Autour d'elle vivait la multitude plébéienne qui n'était pas un peuple et ne

(1) Fustel de Coulanges, *op. cit.*, p. 280.
(2) *Op. cit.*, 340.

formait pas un corps. Les consuls, chefs de la cité patricienne, maintenaient l'ordre matériel dans cette population confuse ; les plébéiens obéissaient. Faibles, généralement pauvres, ils pliaient sous la force du corps patricien. »

Mais, si telle était la plèbe, sa situation ne tarda pas à se modifier.

D'abord le luxe se développa ; le commerce et l'industrie naquirent pour satisfaire les nouveaux besoins de l'homme. La terre conserva sa valeur, mais l'argent en acquit une immense. Et comme l'argent n'était pas un *res mancipi* (1), le plébéien put le posséder. Alors, à côté des fortunes territoriales des patriciens, s'élevèrent les fortunes mobilières des plébéiens. La considération vint avec l'opulence. L'esprit de caste qui mettait hors la loi tout ce qui n'était pas patricien sembla plus exorbitant au fur et à mesure que l'élément plébéien prenait de l'importance. Bientôt l'on sentit que la transformation économique appelait aussi une transformation sociale.

Ajoutons que la grande infériorité de la plèbe à l'égard des patriciens consistant dans le défaut du culte et de foyer, s'amoindrit avec le temps. Le plé-

______

(1) Les « *res mancipi* » étaient une catégorie de choses que possédaient et pouvaient seuls posséder les patriciens, réunissant toutes les qualités du *citoyen romain*.

béien, comme tout homme, sentait le besoin d'une divinité supérieure à laquelle il pût adresser ses prières. D'abord quelques familles réussirent à se créer un culte. Puis, dans chaque carrefour, dans chaque circonscription rurale, les rois firent élever des autels à des divinités qui furent celles des plébéiens. Des sacrifices leur furent offerts, des cérémonies religieuses appelèrent autour de ces dieux les masses qu'ils avaient pour mission de protéger. C'est alors que sentant sa puissance, la plèbe aspira ardemment à conquérir dans la cité la situation que sa force lui donnait dans la ville. Pas un instant elle ne songea à se créer à elle-même un code, des lois spéciales. Ce qu'elle voulait, c'était être traitée d'égale à égale avec la classe patricienne; elle sentait bien que les institutions qu'elle se fût données elle-même eussent été lettre morte pour les nobles. Las de souffrir les dédains de la caste aristocratique et religieuse pour les deshérités sur qui les dieux ne veillaient point, les plébéiens voulaient pénétrer au cœur de la cité. Forts de leur force personnelle, ils se sentaient assez puissants pour entrer dans les rangs d'une aristocratie où la naissance était souvent la seule supériorité. C'étaient en un mot les lois, les institutions, les dignités des patriciens qu'ils voulaient partager.

Comment les plébéiens firent-ils écouter leurs revendications et quelles furent les phases de la lutte, nous n'avons pas à l'examiner ici d'une façon générale. Nous n'avons à nous occuper que de la transformation qui s'opéra à l'égard du mariage.

Le droit privé romain peut être envisagé comme une concession de la classe aristocratique à la plèbe. Celle-ci subit la loi de la noblesse et supporta la loi des patriciens, mais c'est elle qui demanda qu'on la lui imposât. Les grands manifestèrent une résistance énergique ; il ne fallut rien moins que l'immense pression du mouvement social pour les forcer à appliquer leur constitution religieuse à des populations profanes à leurs yeux. Ce premier pas fait, un autre devait nécessairement suivre. A une société nouvelle, il faut des lois nouvelles ; aussi la plèbe transforme-t-elle la loi des patriciens en l'acceptant. Elle la dépouilla petit à petit du formalisme étroit dans lequel les anciens préjugés l'avaient enfermée. Le droit naturel y gagna tout ce que l'esprit de caste y perdit. « Le droit romain, dit M. Glasson, s'est dégagé d'assez bonne heure des principes religieux et est devenu une législation purement civile. C'est incontestablement une des causes de sa supériorité sur les autres législations de l'antiquité. Le mariage notamment y est organisé comme une institution purement civile, mais d'ailleurs l'usage des solennités religieuses, sans être exigé ni même reconnu par la loi, s'était maintenu dans les mœurs pour donner plus de pompe et de publicité à un acte que l'on considérait avec raison comme un des plus grands de la vie (1). »

C'est, qu'en effet, au moment où le patricien pressé par la plèbe, se vit obligé de lui accorder l'égalité civile quant au mariage, il se trouva fort embarrassé. Il était de toute impossibilité que l'on accordât la *confarreatio* au plébéien pour légitimer son mariage. La *confarreatio* était une solennité religieuse. Ceux-là seuls pouvaient la pratiquer, qui avaient foi dans les croyances sur lesquelles elle était basée. Or, la plèbe n'avait point la même religion que la noblesse. La seule solution qu'on trouva fut de séparer le droit de la religion. Le but du plébéien était de voir son mariage reconnu par la cité, devenir une base suffisante à la puissance paternelle et maritale. Pour cela, le législateur créa de toutes pièces une institution civile : la *coemptio.* C'était une vente fictive et solennelle s'opérant au moyen de la mancipation, *per æs et libram,* en présence du *libripens* et des cinq témoins qui représentaient les cinq classes du peuple romain.

(1) Glasson : *Le Mariage civil et le divorce,* p. 155.

Nous ne nous arrêterons point à donner la description de cette institution (1). Traitée déjà souvent et avec autorité, cette question n'a plus d'intérêt. Nous retenons seulement de cette nouvelle création du droit qu'elle donna naissance au mariage civil et lui donna droit de cité (2).

La plèbe ne se déclara point satisfaite. Il ne lui

---

(1) Consulter sur les formes de la Coemptio : Gaïus, ɪ, § 113 ; Boëtius, *in cic. lop.* — Ed. Orelli, p. 229 ; Non. Marcel, *vo Nubentes.* — Disons seulement que *la mancipatio per œs et libram* était une forme de vente solennelle faite en présence de témoins. La *Coemptio* est une *mancipation* de la femme au mari. Mais il y a cette différence entre la coemptio et la mancipation ordinaire, que celle-ci se faisait avec les paroles usitées pour l'achat des esclaves. Pour la première, il n'en est pas de même. La femme *coemptionata* ne tombe pas *in servilem conditionem.* Aussi la formule de la *mancipatio* et celle de la *coemptio* ne sont certainement pas identiques. En quoi la seconde diffère-t-elle de la première? C'est ce que nous ne pouvons savoir d'une façon précise. Suivant Boëce, l'homme et la femme s'interrogent l'un l'autre : « *et sese, coemendo, invicem interrogabant.* » Cette assertion, qui donne à la femme un rôle actif, est favorisée par l'expression : *potest coemptionem facere mulier* (Gaïus, ɪ, 114) et par ce fait que la femme apporte trois *as* à son mari : *Tanquam emenda causa.* Toutefois, nous ne saurions admettre la théorie de Boëce; elle a, à nos yeux, le grand tort de transformer la *coemptio* en une vente réciproque; or, il est impossible que l'homme soit acheté par la femme qui tombe en sa puissance.

(2) Consulter sur les multiples causes de la transformation du mariage religieux en mariage civil M. Gide, *Condition privée de la femme,* pp. 138 et suiv.

suffisait pas d'être régie par une loi qui fût applicable à tout citoyen, plébéien ou patricien. Elle voulait une institution qui lui permît de s'inféoder d'une façon encore plus efficace à la classe supérieure. Pour cela, les unions entre patriciens et plébéiens devaient être autorisées. Le patriciat résista longtemps, mais sur ce point encore il dut céder. Ses croyances lui interdisaient toute promiscuité avec la plèbe, mais il sentait que la religion n'était point ici d'accord avec ses intérêts. « Une aristocratie qui ferme ses rangs, dit M. Duruy, périt bientôt, car le temps et le pouvoir usent vite les familles comme les individus. Sans connaître cette vérité d'histoire, le patriciat romain agit comme s'il la comprenait, et cette intelligence des nécessités publiques fit la grandeur de Rome. Après une résistance habilement calculée pour opposer au torrent populaire une digue qui amortit sa force sans l'exciter, les grands cédaient toujours; mais comme une armée disciplinée qui jamais ne se laisse rompre, ils reculaient pour prendre sur un autre point une forte défensive. Ainsi se prolongea cette guerre intérieure qui forma la robuste jeunesse du peuple romain. Cette fois encore l'indignation éclata. « Ainsi donc, disait un Claudius dans son » orgueil héréditaire, ainsi rien ne restera pur; » l'ambition plébéienne viendra tout souiller et

» l'autorité consacrée par le temps et la religion et
» les droits des familles, et les aruspices, et les
» images des Dieux ! » Mais le peuple usa des moyens
qui lui avaient deux fois servi; il se retira en armes
sur le Janicule, et le Sénat, pensant que les mœurs
seraient plus fortes que la loi, accepta que désormais il pourrait y avoir des *justes noces* entre plébéiens et patriciens (1). »

On n'en resta point là, la *coemptio* appelait un
autre mode de contracter mariage. De même que la
propriété s'acquérait, non seulement par la vente,
mais aussi par l'*usucapio* (2), de même la puissance
paternelle et maritale put aussi s'acquérir par l'*usucapio*, par l'*usus*. Et si nous en croyons l'autorité de
M. Esmein (3), de même que l'*usucapio* fut créé pour
rendre solides les *mancipationes* et les *in jure ces-
siones* irrégulières (4), de même l'*usus*, introduit dans
le mariage, vint donner toute sa force à la *confarreatio* et à la *coemptio*, qu'un défaut de formalité
empêchait de regarder comme valables. Une fois

(1) Duruy, *Histoire des Romains*, livre I, p. 191. C'est le tribun
Canuleius qui fut l'auteur de cette réforme, de là son nom de
Lex Canuleïa.

(2) Forme de prescription par l'usage.

(3) Esmein, *La manus, la paternité et le divorce dans l'ancien
droit romain*.

(4) Formes de vente.

entré dans cette voie, il était difficile de s'arrêter et bientôt ce furent les unions libres, les unions contractées sans aucune solennité qui bénéficièrent de l'*usus* et puisèrent, dans la seule force de la prescription, la *puissance* qui était le but du mariage. M. Mommsen fait bien ressortir les effets de l'*usus* quand, nous montrant la jeune mariée, légitimement soumise à la *manus* de son mari, il ajoute : « Et il n'en était point ainsi seulement au cas où le mariage a été célébré suivant l'ancien rite, *matrimonium confarreatum*, mais aussi quand il a eu lieu dans la forme purement civile, *matrimonium consensu*. Dans le mariage consensuel, le mari acquérait de même un droit de propriété sur sa femme ; aussi ce mariage a-t-il emprunté tout d'abord les principes et les pratiques des modes d'acquérir ordinaires, l'achat et la tradition formelle (*coemptio*), ou la prescription (*usus*). Quant il y avait un consentement simple sans l'acquisition de la puissance conjugale, au cas par exemple où le temps voulu pour prescrire n'était pas encore acquis, la femme n'était point épouse, elle était seulement tenue pour telle (*pro uxore*)... *uxor tantummodo habebatur*, dit Cicéron (1). »

(1) Mommsen, *Histoire romaine*, traduction d'Alexandre, t. I, p. 79, note 1.

Nous arrivons donc au moment où trois modes de célébration du mariage se trouvent en présence : la *confarreatio* réservée aux patriciens ; la *coemptio* et l'*usus*, simples institutions civiles, dont peut user tout citoyen romain, à quelque classe qu'il appartienne.

Mais, remarquons-le, ces trois formes de mariage créaient et la puissance paternelle et la puissance maritale (1). Le mariage ne pouvait être légitime sans engendrer ces deux puissances et il existait là où elles se rencontraient. « Dans ce système....., il n'y a mariage que là où il y a *manus*, comme aussi il n'y a *manus* que là où il y a mariage..... Le patricien est celui qui *patrem ciere potest*, c'est-à-dire celui qui seul a un père certain et légitime (2). »

Or, si le plébéien avait revendiqué avec tant d'ardeur la légitimation de son mariage, ce n'était point qu'il visât à faire tomber sa femme *in manum mariti*. Il n'ambitionnait que la puissance paternelle. Seulement, comme la puissance maritale était liée à la puissance paternelle, comme le mode de célébration du mariage qui conférait la première, conférait forcément la seconde, en acceptant l'une, il avait

----

(1) Consulter sur les trois modes de mariage qui créent la manus : de Caqueray, Explication des passages de droit privé qui se trouvent dans *Cicéron,* n° 3, p. 15 et suiv.

(2) Esmein, *op. cit.*

bien été forcé de subir l'autre. Il n'en restait pas moins vrai que la *manus* était une institution choquante dans un milieu où l'esprit religieux n'avait pas d'influence (1). Le plébéien n'avait point de foyer; dès lors qu'avait-il besoin, au moyen de la *manus*, d'associer sa femme à un culte n'existant pas pour lui? Le caractère de domination absolue de la *manus* ne pouvait se comprendre que dans la vieille société religieuse, où le patricien, grand-prêtre du foyer, faisait converger vers lui tous les éléments constitutifs de la famille et du patrimoine. Les générations nouvelles, ne partageant pas les vieilles croyances sur lesquelles était fondée la puissance maritale, ne voyaient dans cette institution qu'une vaine prescription de la loi. En se mêlant aux patriciens, elles leur apportèrent les idées nouvelles. Le culte du foyer tomba en désuétude dans les familles aristocratiques. Dès lors, la *manus* ne correspondait plus à un besoin, à une aspiration de la société, et elle devait fatalement disparaître.

Il y avait dans l'institution de l'*usus* une particularité qui devint la cause de ce nouveau bouleversement.

L'*usus* existait avant la loi des douze tables. Mais

---

(1) Consulter sur les causes de désuétude de la manus : Gide, *op. cit.*, p. 159 et suiv. — Labbé, *Nouvelle Revue historique*, 1887.

les jurisconsultes n'étaient point d'accord sur les caractères qu'il devait avoir pour légitimer le mariage libre. La loi des douze tables, dans une de ses dispositions, mit fin à ces hésitations en déclarant que le fait de la part de la femme d'avoir quitté trois nuits de suite le domicile conjugal interrompait la prescription. Mais (et c'est ici que se trouve le point qui nous intéresse), si l'*usurpatio trinoctii* (1) empêchait la femme de tomber *in manu*, si la puissance maritale ne prenait point naissance, la puissance paternelle en revanche ne recevait aucune atteinte de cette interruption de prescription. C'est ainsi que, comme l'a dit M. Desforges (2), «de même la *coemptio* avait séparé le mariage civil du mariage religieux, de même l'*usus* sépara la puissance maritale de la puissance paternelle. Et alors il ne fut plus vrai de dire qu'il y avait mariage là seulement où il y avait puissance maritale et puissance paternelle; la législation avait changé, et désormais, il y eut mariage là où la puissance paternelle seule existait. Le mariage était légitime par ce fait que les conditions nécessaires à la création de la puissance paternelle seules étaient réunies (3).

(1) Désertion du domicile conjugal pendant trois nuits.

(2) *Op. cit.*

(3) A l'appui de ce fait que nous ne faisons que constater ici, à savoir la séparation de la puissance paternelle de la puis-

Il en résulta que pour contracter mariage et éviter la *manus*, on laissa de côté les anciens modes de la *confarreatio* et de la *coemptio* pour se servir de l'*usus* combiné avec l'*usurpatio trinoctii*. Mais c'était là une subtilité comme on en rencontre dans l'histoire du droit aux époques de transformation, et elle devait disparaître. En effet *l'usus* avait d'abord servi à valider les *confarreationes* et *coemptiones* imparfaites; il avait ensuite, par la seule force d'une prescription non interrompue pendant une année, donné le caractère légitime à des unions de fait que n'avait précédées aucune solennité. En séparant la puissance paternelle de la puissance maritale, et en validant l'union de deux individus malgré l'interruption de la prescription, on était arrivé par la force des choses à donner la légitimité à un mariage conclu en dehors de la *confarreatio* et de la *coemptio*, sans qu'il y eût *usus*; dès lors le mariage libre existait (1).

A dater de ce moment, la *confarreatio*, la *coemptio* et l'*usus* ne sont plus envisagés comme des modes de contracter mariage mais comme des institutions

sance maritale, consulter Gaïus, Com. I, III; Troplong, *Etude sur le mariage chez les Romains; Revue de législation et de jurisprudence*, Tome XXI, p. 129 et s.; Aulu, Gelle, XVII, 6; Glasson, *op. cit.*; Gide. *op. cit.*

(1) Consulter sur les causes d'avènement du mariage libre, Schmidt, *Société civile dans le monde romain*. Livre I, chap. II.

ayant pour but unique de créer la *manus*. Que devinrent-elles et comment disparurent-elles ? C'est là une question qui a été souvent discutée. Un point est certain c'est que l'*usus* disparut le premier. Au temps de Gaïus, il n'était plus qu'un souvenir, la *confarreatio* et la *coemptio* seules existaient encore. Il est d'ailleurs possible de nous rendre compte de ce fait. Du moment que la *manus* n'était pas liée au mariage et qu'elle n'était plus un effet légal de l'union légitime, du moment, si nous pouvons nous exprimer ainsi, que son essence était de consister en un accident, elle ne pouvait plus résulter que de la convention des parties, et par conséquent un mode conventionnel seul pouvait la créer. Or l'*usus* n'avait point ce caractère conventionnel. Il est vrai que la femme mariée, en le combinant avec l'*usurpatio*, pouvait en éviter les effets ; mais cette interruption de prescription offrait des dangers : chaque année elle demandait à être renouvelée ; de là une certaine inquiétude qui dérangeait la tranquillité domestique. De plus, cette formalité de l'*usurpatio* était devenue difficile à remplir ; la répudiation était fréquente et la moindre démarche que la femme se permettait de faire hors du domicile conjugal pouvait y donner lieu.

En un mot, la *manus* était une suite légale de l'*usus*. L'usus était donc une institution dangereuse et ses inconvénients devaient le faire supprimer rapidement. Le jour où la puissance maritale ne répondait plus à une nécessité, « il fallait effacer la *manus mariti* des lois romaines, ou, si on la conservait encore, on ne pouvait y voir qu'une sorte de mariage impliquant une confiance entière de la femme en son mari. Mais alors l'acquisition de la *manus* ne devait jamais résulter que d'une convention ; il fallait abolir celui des modes d'acquisition qui n'était point conventionnel, c'est-à-dire l'*usus* (1). »

Ajoutons à cela que l'*usus*, reposant sur une possession matérielle de la femme, le jour où l'union de deux êtres d'un sexe différent prit un caractère plus élevé que celui qu'elle avait à l'origine, cette idée matérielle parut grossière aux esprits devenus délicats. L'*usus* était devenu une institution choquante pour la société nouvelle. C'était plus qu'il n'en fallait pour l'abolir.

§ III

Il nous reste maintenant à préciser les éléments dont la réunion constitue le mariage.

(1) Esmein, *op. cit.*, p. 24.

Les commentateurs sont d'accord pour énumérer parmi les conditions des *justæ nuptiæ :* la puberté, le consentement du *pater familias* (s'il s'agit d'un *alieni juris*), et enfin le *connubium.* Il en est un quatrième aussi important que les autres et qui pourtant ne tient ordinairement pas dans les ouvrages de droit romain la place qui lui est due. Il s'agit pourtant d'un élément qui est la caractéristique du mariage. La plupart des romanistes l'appellent : le consentement des époux. Cette expression peut être la traduction littérale du mot *consensus* que l'on rencontre dans une foule de textes (1), mais elle ne rend certainement pas d'une façon complète l'idée que les jurisconsultes voulaient exprimer.

Que l'on remarque en effet que dans les textes où il est parlé du *consensus,* ce mot n'est pas employé pour désigner une condition nécessaire au mariage, mais bien plutôt pour faire opposition à une autre idée ; il a généralement pour but de faire comprendre que le mariage ne se forme point au moyen d'un élément matériel tel que la *deductio in domum,* mais qu'il a au contraire un fondement dans une

____

(1) V. Fr. 11, Dig. de spons., xxiii, 1. — Fr. 66, pr. Dig. De donat. int. vir. et uxor. Liv. XXIV, 1. Fr. 30, Dig. De reg. juris., L. XVII., Fr. 15. Dig. De cond. et dem., xxxv, 1. — Fr. 8 pr., Code V, 17, etc.

idée. Le mot *consensus* n'est point le terme technique qui désigne la condition nécessaire au mariage, il ne fait ressortir que l'élément de cette condition qu'il veut opposer à l'idée qu'il agite, aussi ne rend-il point dans son ensemble la physionomie de cette condition. Il y a un autre terme plus complexe et plus spécial à notre matière et sur la signification duquel il est indispensable d'insister : c'est l'expression : *Affectio maritalis* (1). Voilà le terme technique, la désignation complète de la quatrième condition des *justes noces*. Aucun texte n'en donne la définition, mais de l'ensemble des matières où il en est traité, du rôle que les *prudents* lui donnent dans le mariage, nous en pouvons déduire avec certitude que l'*affectio maritalis* contient le consentement des époux à contracter mariage. L'époux doit avoir à l'égard de l'épouse la volonté de la considérer comme *uxor*, c'est-à-dire le ferme vouloir de partager son existence. La femme se confondra en quelque sorte avec son mari et le mari l'élèvera à la situation qu'il occupe dans la cité. Il la rendra *illustris* s'il l'est lui-même, *clarissima* s'il est *clarissimus*. C'est une volonté parfaitement précisée et délimitée qui doit animer les époux. Elle a pour but l'union

(1) Const. II. Code pr., liv. V, 17. Fr. 31, pr. Dig., XXXIX, 5. Fr. 32, pr. 13, Dig., XXIV, 1. — Nov. 117, c. 4. — Nov. 74, c. 4.

conjugale et non pas une union quelconque, mais bien celle des justes noces.

Outre la volonté, l'*affectio maritalis* contient encore un autre élément. Le mariage a pour but la procréation des enfants. Ce n'est point seulement une union intellectuelle et morale, c'est aussi un commerce matériel. L'idée de cohabitation ne se sépare pas de celle du mariage. Le mariage a un but physique : la perpétuité de la famille. Ce caractère est tellement nécessaire que là où il ne se rencontre pas (là par exemple où l'union est stérile pour cause d'impuissance), il peut y avoir lieu à répudiation (1).

De là il résulte qu'il ne suffit pas à deux individus qui veulent se prendre pour mari et femme d'en avoir la volonté, il faut encore que cette volonté soit effective, il faut encore qu'ils aient la possibilité matérielle de passer à l'exécution, il faut qu'il ne dépende que de leur libre volonté d'accomplir l'acte matériel du mariage, il faut en un mot que le *consensus* soit *réalisable*. Donc, volonté de contracter de justes noces et possibilité matérielle de cohabiter, voilà les deux idées qui sont contenues dans l'*affectio maritalis*. Remarquons qu'il ne faut point confondre la possibilité de cohabiter avec la

____

(1) « *Liberorum quœrendorum causa* », disent les textes.

cohabitation elle-même; la première seule est né·
cessaire. Si le mariage a pour but matériel la procréation des enfants, il est certain cependant que
deux individus peuvent vivre en état de mariage
sans avoir d'enfants. Or, de même que la possibilité
d'assurer la perpétuité de leur race suffit à deux
époux pour entretenir le lien conjugal qui les unit,
demême aussi cette possibilité suffit à la former.

§ IV

Les éléments, dont la réunion constitue le mariage, une fois connus, nous avons à nous demander à quel moment commence le mariage.

La théorie que nous venons de faire du mariage
et de l'*affectio maritalis* suffit à faire comprendre
qu'il s'agit ici d'une pure question de fait. Là où
seront réunis la puberté, le consentement des par-
tis, le *connubium* et l'*affectio maritalis*, il y aura
mariage. L'union conjugale commencera avec
l'agrégation de ces quatre éléments, elle durera
autant qu'elle et finira avec elle. Quant à l'événe-
ment qui doit marquer le début de cette réunion
d'éléments, il variera avec les circonstances, tantôt
ce sera la cérémonie en usage pour fêter les nouveaux époux, tantôt la *deductio* de la femme *in*

domum mariti. D'autres fois encore aucun acte extérieur ne viendra manifester le fait du mariage. Bien plus, cette manifestation existât-elle, il faudra encore en envisager la portée avec soin, car il peut se faire que l'union conjugale l'ait précédée ou qu'elle l'ait suivie.

Faut-il aller jusqu'à dire que la cohabitation est nécessaire? On le soutient et cependant les textes sont formels en sens contraire et ne laissent place à aucun doute. C'est d'abord Ulpien qui dans le Fr. 30, Dig. Liv. L. 17, nous dit : *Nuptias non conculitas sed consensus facit.* Le Fr. 15, Dig. (Liv. XXXV, 1) reproduit les mêmes expressions. Pomponius, dans le Fr. déjà cité (Fr. 5, Dig. xxiii, 2), constate que le mariage peut avoir lieu entre absents : la possession de la femme par le mari en ce cas n'existe évidemment pas. Ulpien dans le fragment suivant (Fr. 6) s'exprime ainsi : « Cima écrit que si un homme épouse une femme absente et qu'en revenant d'un festin au-delà du Tibre, il ait péri en le traversant, sa femme doit porter le deuil » ; c'est donc que le mariage existait (1). En maintes circonstances nous trouvons mentionné qu'une femme peut être à la fois veuve et vierge. Enfin dans le *Fr.* 32, § 13 (*Dig. de dona int. vir et uxor,* XXIV, 1),

____

(1) V. aussi : Fr. 7, Dig. xxviii, 2.

nous lisons : « Si le mari et la femme ont demeuré
« longtemps séparés d'habitation, en conservant
« cependant de part et d'autre le lien du mariage qui
« les unissait... je pense que la donation n'est point
« valable parce que l'on peut dire que le mariage a
« toujours subsisté. » De cette argumentation si
ferme on a essayé d'objecter un fragment de Paul
consigné au Dig. (Fr. 4, Dig. xxv, 7, et une sentence du
même juriconsulte (Paul sent. Liv. II, tit. xx), qui
parlant du *concubinat* déclare que l'intention seule
(*dilectus*) le sépare des justes noces. Or, dit-on, la
cohabitation étant nécessaire au *concubinat*, il en est
certainement de même pour le mariage. M. Accarias (1) a réfuté victorieusement cette doctrine en
faisant remarquer la fausseté de son point d'appui.
Rien ne démontre en effet que le *concubinat* ne
puisse exister sans cohabitation. Tout ce que l'on
peut conclure du texte de Paul, c'est que les conditions d'existence du *concubinat* sont les mêmes que
celles du mariage.

M. Desforges (2) fait une remarque judicieuse au
sujet de l'erreur sur laquelle on a fait reposer cette
objection : « En jugeant les institutions des Romains
par les nôtres, nous apprécions mal. Le *concubi-*

(1) *Précis de droit romain*, tome I, p. 186, note 3.
(2) *Op. cit.*

natus n'est point à Rome ce qu'il est chez nous, c'est-à-dire une union illicite que ne reconnaissent point les lois et que les mœurs réprouvent ; c'est *une institution civile*, une *sorte de mariage infé-rieur* auquel le déshonneur ne s'attache en aucune façon ; les lois le permettent et le réglementent. Notre mariage morganatique semble être l'institu-tion contemporaine qui offre le plus de traits com-muns avec le *concubinatus*.

La cohabitation écartée comme élément du ma-riage, plusieurs commentateurs, jugeant avec rai-son que le consentement n'était pas suffisant, ont eu le tort de voir dans la *deductio* de la femme *in domum mariti* une condition nécessaire au mariage. Ils ont fait de cette *deductio* le point de départ de l'union conjugale. Cette théorie paraît bizarre de prime abord ; qu'on se rappelle en effet que cette formalité était au nombre des *anciennes* solennités avec lesquelles on célébrait le mariage, et l'on se rendra difficilement compte que ce dernier vestige des anciens modes solennels soit devenu lui-même un élément essentiel des *justes noces*. Nous ne nions point que le moment où se trouvaient réunis les éléments du mariage puisse se confondre parfois avec la *deductio*, nous admettons même que dans certains cas exceptionnels la *deductio* était néces-saire, mais la règle générale n'est point celle-là : la *deductio* n'est point le moule dans lequel doit nécessairement passer l'affection maritale pour produire ses effets légaux.

Et d'abord les nombreux textes que nous avons cités et qui parlent du *consensus* entre époux présents ne font point allusion à cette deductio. Un texte de Scœvola (Fr. 66, pr. Dig. xxix, 1,) relatif aux donations entre époux, nous dit formellement qu'il n'y a point à envisager si la donation a été faite avant ou après la *deductio* pour en connaître la validité, car la *deductio* importe peu dans la question de savoir si le mariage est commencé ou ne l'est point.

Respondi non attinuisse tempus, an antequam domum deduceretur, donatio facta esset, aut tabularum consignatorum quæ plerumque et post contractum matrimonium fierent... » La *deductio* peut avoir lieu même après la conclusion du mariage. Peut-on être plus affirmatif ?

On a voulu opposer à ce texte le suivant (Fr. 66, p. 1). (Il y est question d'une jeune fille qui a été *deducta* dans un pavillon voisin de la maison de son mari trois jours avant le mariage, la possibilité de cohabitation n'existait point pendant ces trois jours,) « or le jour du mariage *priusquam ad eum (maritum) transiret*, dit le texte, le futur fait une donation ; cette donation est valable comme faite avant le mariage ». Donc, concluent nos adversaires, c'est la *deductio* qui fait commencer le mariage. A cette objection, nous répondrons par deux observations : la première c'est que ce texte parle de *deductio* pour indiquer le passage de la jeune fille *de sa maison à elle dans le pavillon de son mari ;* si l'on s'en tient au terme technique, ce devrait donc être ce moment qui déterminerait le point de départ du mariage. Le texte réfute par lui-même cette solution. La seconde est que ce fragment n'a nullement pour but de dire à quel moment commence le mariage, il ne vise donc point à en fixer le début au moment où la jeune fille *transit ad maritum,* mais il déclare simplement que la donation faite avant le mariage est valable. Or il constate que dans l'hypothèse dont il s'occupe elle a pu l'être tant que la possibilité de cohabitation n'existait pas, c'est-à-dire tant que la jeune fille se trouvait dans une habitation où son fiancé ne pouvait pénétrer.

S'il est vrai que le consentement ne suffit point à constituer le mariage, s'il est évident que la possibilité de réaliser ce consentement doit y être jointe, il n'est pas moins certain que cet élément qui consiste dans la possibilité de cohabitation ne réside ni dans la cohabitation ni dans la *deductio.* Et n'en déplaise à M. Glasson (1) qui prétend que

____

(1) *Op. cit.,* p. 156.

les *justes noces* étaient un acte purement civil formé par le consentement et la *deductio uxoris in domum mariti*, en dehors de toute intervention de l'autorité publique, nous soutenons que si la *deductio* était la solennité ordinaire par laquelle on témoignait de l'existence de tous les éléments dont la réunion constituait le mariage, il est bien certain que la possibilité de cohabitation ne devait pas nécessairement revêtir cette forme pour consituer la condition *sine qua non* du mariage.

Verrons-nous davantage une condition des justes noces dans les solennités dont l'usage a entouré leur célébration? Nous nous sommes déjà expliqué à ce sujet. Nous n'attacherons pas plus d'importance aux formalités de publicité dont les textes parlent en plusieurs circonstances: (Fr. 22, Code liv. V-4 — Nov. LXXIV, cap. v. — Fr. 7 ; Code, liv. V-17. — Fr. 9 et Fr. 20, Code, liv. V-4. — Inst., liv. III-22). Il en résulte que les Romains, bien évidemment, n'étaient pas restés étrangers à toute idée de publicité ; que dans certaines circonstances même la clandestinité était interdite; mais de là à conclure que la publicité fut un élément de mariage, il y a loin, et rien ne nous autorise à le faire. *A fortiori*, ne saurait-on voir dans la manifestation extérieure de l'état de mariage, où se trouvent deux individus, le moment précis à partir duquel

3

le lien conjugal commence à existor entre eux.

Le mariage, tel que l'ont conçu les Romains, était avant tout une question de fait. Il est parfois fort difficile de préciser le moment où il prend naissance. Il existe bien (nous en avons vu les différentes transformations), des solennités et des cérémonies sacrées, mais elles n'ont pour but que de mettre en relief les *faits* constitutifs du mariage et non point de donner un caractère sacré à un contrat d'une nature spéciale.

Il est, il faut l'avouer, très étonnant que les Romains qui attachaient un si grand prix à un formalisme exagéré, qu'ils ont conservé longtemps dans tous leurs contrats, en aient presque totalement dépourvu le mariage à qui ils n'ont jamais donné, dans leurs institutions et dans leurs lois, la place qu'un peuple essentiellement religieux eût dû lui consacrer.

CHAPITRE II

DISSOLUTION DU MARIAGE A ROME

Il nous reste maintenant à dire un mot de la dissolution du mariage à Rome.

Nous classerons en deux catégories les causes de dissolution : celles qui sont indépendantes de la volonté des époux et celles qui dépendent de leur volonté commune ou de celle de l'un d'eux.

Voyons les premières.

Tout d'abord, nous trouvons la servitude encourue *jure civili* par l'un des époux. Elle mettait fin aux *justœ nuptiœ*. Il en était de même au cas de *captivité* frappant le mari ou la femme (1).

(1) Voir, pour les effets que produit ici le *jus postliminii*, Accarias, t. I, n° 97 ; 2° Quant à la perte de la cité, elle transforme les « justæ nuptiæ » en mariage du droit des gens. (Accarias, t. I, n° 97.)

Nous rencontrerons plus loin le souvenir de cette cause, quand nous étudierons la législation russe.

La mort de l'un des époux dissolvait également les « justæ nuptiæ », et le survivant pouvait, à son gré, contracter une nouvelle union.

Il y a lieu cependant de faire ici une distinction entre le mari et la femme. La femme veuve devait, conformément aux usages admis, *lugere maritum* pendant dix mois, et par suite, elle ne pouvait se remarier avant l'expiration de ce délai, sous peine d'être considérée comme *infâme*, non seulement elle-même, mais aussi son *pater*, son second mari, et le *pater* de celui-ci (1).

Avec le temps les traditions religieuses s'altérèrent ; la prohibition d'un second mariage ne releva plus que du danger de confusion de part. Ce motif nouveau permettait de décider que si la femme, à raison de l'indignité de son mari défunt, n'était point tenue de le *lugere*, elle ne pouvait cependant pas se remarier avant l'expiration du délai légal, à moins, bien entendu, qu'elle n'accouchât pendant ce délai, auquel cas aucun obstacle n'existait plus pour la célébration d'un second mariage.

Les empereurs chrétiens maintinrent ce délai de viduité et l'augmentèrent même de deux mois.

Quant au mari qui n'était jamais tenu de *lugere uxorem*, il pouvait se remarier le jour même de la

______

(1) Dig., *De his qui notantur infamia*, III, 2 ; vat. frag., §§ 320-321.

mort de sa femme. Et beaucoup se hâtèrent d'user
immédiatement de cette faculté afin d'éviter les dé-
chéances prononcées contre les célibataires ou les
veufs par les *lois caducaires*.

Examinons maintenant très brièvement les causes
de dissolution du mariage dépendant de la volonté
commune des époux ou de la volonté de l'un d'eux.

La seule de cette catégorie est le *divorce* (1).

Dans les principes primitifs et essentiellement
religieux de la Rome antique, le mariage était destiné à durer toute la vie. Cette idée justifie la définition qu'en donnent encore aujourd'hui les jurisconsultes classiques : *Consortium omnis vitæ*. Cette
indissolubilité fut longtemps le caractère du mariage avec *Manus*.

Remarquons cependant que même avec cette communauté de sort (*consortium*), la femme n'était pas
traitée à l'égal de l'homme.

Considérée comme *fille de famille* par rapport à
son mari, elle ne pouvait, par sa seule volonté, re-
noncer à la vie commune ou obliger son mari à re-
noncer à ses pouvoirs sur elle synthétisés dans sa
manus. Le mari, au contraire, pouvait répudier la
femme. La religion et les mœurs venaient adoucir

(1) Acc., t. I, n° 97 ; 4°. — Esmein, *Mélanges d'histoire du
droit et de critique. Droit romain*, p. 17.

cette faculté unilatérale exorbitante et en limiter l'exercice abusif.

Le mariage par *confarreatio* fut sans doute au début indissoluble, et lorsqu'il fut admis que le mari pour certaines causes, et dans de certaines conditions, pouvait s'en affranchir, les pontifes durent intervenir pour autoriser la cérémonie religieuse appelée « *diffareatio* », et qui était ce que l'on pourrait appeler le « symétrique négatif » de la *confarreatio*.

Ajoutons que soit dans le mariage par *confarreatio*, soit dans le mariage résultant de toute autre forme, le mari ne pouvait répudier la femme sans consulter au préalable le tribunal de famille dont le contrôle protégeait la femme contre des répudiations sans motifs. Mais avec le mariage sans *manus*, le mari ne fut plus seul à tenir entre ses mains le sort de l'union. On admit, en effet, que le père de famille pouvait, de par sa *patria potestas*, reprendre sa fille au mari « soit de sa propre autorité, soit à la prière de son enfant » (1).

D'un autre côté, la femme *sui juris* pouvait, sans motifs, rompre la vie commune, quitter le domicile conjugal, faire route à part, « *divertere* ». C'est de cette

(1) Le père avait à cet effet l'action en revendication, et plus tard l'interdit de « liberis exhibendis ». (I, § 2. Dig., *De rei vind.*, VI, 1, § 5.)

expression que l'on rencontre dans les textes qu'est venu notre mot *divorce*. Et cette faculté était accordée à la femme sans que le mari pût légalement l'obliger à réintégrer le domicile conjugal. Sa situation, cependant, était encore à cet égard supérieure à celle de la femme, car il conserva le droit de répudiation qu'il pouvait exercer bien plus librement qu'autrefois, sans limitation du côté de la religion et sans le contrôle de plus en plus illusoire du tribunal domestique.

« Cette fragilité extrême de l'union conjugale, nous dit M. May (*Droit romain* — division des personnes), était en harmonie avec la nature même du mariage sans *manus*, conclu sans aucune forme solennelle, par le simple accord des volontés confirmé par l'établissement de la vie en commun. »

Ce fut là, sans doute aussi, l'une des principales causes qui contribuèrent à maintenir dans la pratique l'usage des mariages avec *manus*, qui permettaient au mari de se garantir contre les caprices de sa femme ou l'immixtion arbitraire de son beau-père.

Cependant, à dater du jour où la femme *in manu* put divorcer, et où plusieurs constitutions impériales interdirent au père de la femme de venir rompre les mariages *bene concordantes*, toute destinction disparut à cet égard entre les deux formes de mariage.

Du reste, le nombre des divorces, autrefois restreint, était devenu, à la fin de la République et au début de l'Empire, de plus en plus considérable.

La démoralisation que l'on vit s'accroître à cette époque, dans des proportions considérables, avait fait du divorce la cause de dissolution normale du mariage.

Si nous envisageons, pour terminer ce rapide aperçu, quel fut le divorce à l'époque impériale, nous constatons par l'étude des textes de cette époque que le divorce peut résulter, soit d'un accord mutuel entre les époux, c'est ce que l'on appelle *divortium bona gratia;* soit de la volonté d'un seul que l'on nomme « repudium » ou répudiation. L'expression de *divortium* fut bientôt employée comme terme générique.

Le divorce *bona gratia* et par conséquent mutuel ne revêtait aucune forme. De même qu'un simple accord suffit pour contracter l'union, un simple accord suffit pour la dissoudre. C'est là, d'ailleurs, l'application d'une règle générale qu'Ulpien formule ainsi : « Nihil tam naturale est quam eo genere quidque dissolvere quo colligatum est ».

Quant au divorce émané d'un seul des époux, la loi *Julia de adulteriis* exigea que l'époux manifestât solennellement sa volonté de divorcer en présence de sept témoins, et ce, sous peine de nullité. En

pratique, la répudiation était signifiée par l'époux à
son conjoint par l'intermédiaire d'un affranchi por-
teur d'un *libellus repudii*. Et c'est à la suite de cette
signification qu'avait lieu la déclaration solennelle
devant les sept témoins.

C'est à cette époque que s'évanouirent les derniers obstacles à la faculté de divorcer. Toute convention susceptible d'y porter atteinte était déclarée
radicalement nulle (1). Cependant, la loi *Julia de
adulteriis* défendait à la femme affranchie qui avait
épousé son patron, de divorcer malgré son mari.
Une constitution d'Antonin le Pieux enleva au père
de la femme le droit de rompre une union bien as-
sortie: *Ne bene concordantia matrimonia jure patriæ
potestatis turbentur* (2).

Une fois divorcés, les époux pouvaient se remarier. La femme avait pour cela un délai de dix-huit
mois au delà duquel elle encourait les peines du
célibat.

Remarquons que le délai de viduité n'était plus
imposé à la femme. Il eût été trop ouvertement opposé à l'esprit des lois caducaires. Il en résultait
souvent des confusions, des suppressions ou des
suppositions de part. On fut alors obligé de prendre

(1) Rescrit d'Alexandre Sévère, II, cod. viii, 39.
(2) I, § 5. Dig., xlii, 30 ; Paul. Sent., v. 6, § 15.

des précautions spéciales, afin de permettre au mari
de désavouer l'enfant, et d'empêcher en même
. temps la femme de cacher sa grossesse ou d'en si-
muler une.

Le triomphe du christianisme, dont l'action puissante se faisait partout sentir, fut lent à déraciner le divorce à l'époque du bas Empire. Le divorce « bona gratia » prohibé par Constantin, fut rétabli par Justinien, qui finit par l'abolir dans la Novelle, 134, ch. 11.

Il était intéressant de remettre en mémoire, à propos de l'étude du mariage, quelques souvenirs du droit Romain.

Nous abordons maintenant les législations d'Europe actuellement en vigueur.

ALLEMAGNE

CHAPITRE PREMIER

NOTIONS HISTORIQUES — FORMES DU MARIAGE
SA CÉLÉBRATION — RÉFORME — MARIAGE CIVIL
LOI D'EMPIRE DE 1875 (1).

§ 1

Dès longtemps, avant leur conversion au christianisme, les Germains attachaient à l'institution du mariage une importance capitale. Ils le considéraient comme l'acte le plus saint et le plus sacré, comme la convention la plus solennelle qui se puisse concevoir. Aussi ont-ils conservé au mot « *Ehe* » la signification spéciale du mot mariage, bien que cette expression fût à l'origine le synonyme de *pacte* ou de *convention*. En la réservant au

(1) Voyez Lehr, *Droit Germanique du mariage.* — Glasson, *Le Mariage civil et le Divorce*, Allemagne.

lien conjugal seul, ils ont manifesté qu'ils le considéraient comme le lien par excellence.

La doctrine chrétienne ne fit que sanctionner et
consacrer leurs idées et leurs principes nationaux.

Il faut remarquer cependant une anomalie singulière. A côté de cette idée d'un lien sacré, ils reconnaissaient, jusque à une époque avancée du moyen
âge, une union moins forte et moins puissante qu'ils
appellaient *Unehe*. Cette union, quoique légalement
contractée, ne donnait ni à la femme ni aux enfants
les droits dérivant d'une union légitime. — C'était
ni plus ni moins un mariage morganatique (1)

Ces unions morganatiques étaient en général
contractées par des hommes d'une condition élevée avec des femmes de caste inférieure. — Elles
furent, et cela se conçoit fort bien, très énergiquement combattues par l'Église et finirent par disparaître.

— Aujourd'hui les mariages morganatiques ou
de la main gauche sont légitimes, mais les droits
qui en dérivent pour la femme et les enfants restent amoindris et incomplets ; on les appelle
« *Ehen* ». La femme n'y est point élevée au rang du

---

(1) De *Morgengabe*, don matinal, parce que la femme dans ce
genre de mariage n'avait de droits que sur les biens composant
ce don (Lehr: *Eléments de Droit Germanique.*)

Brumer : *Encylopaädie de Holtzendarff.*

mari ; et les enfants, bien que suivant la condition de leur père, ne peuvent point prétendre à sa succession.

La loi d'Empire du 6 février 1875 sur l'état civil et le mariage est fondamentale dans la législation actuelle de l'Allemagne. Elle ne permet plus les unions morganatiques que pour les membres des maisons souveraines d'Allemagne et pour la maison princière des Hohenzollern.

Nous verrons plus loin qu'il en est encore autrement en Autriche.

Le mariage était généralement précédé des fiançailles ou d'une promesse solennelle, qui avait pour effet de faire immédiatement passer la fiancée de la tutelle de son père sous celle de son futur époux.

Celui-ci achetait du reste ses droits en payant à la famille de sa femme une somme d'argent. Il est vrai que le plus souvent cette somme d'argent était abandonnée à sa femme elle-même. Si bien qu'en dernière analyse, c'était le mari seul qui dotait sa femme.

Ces fiançailles avaient une importance juridique considérable ; car une fois régulièrement accomplies, elles créaient entre les futurs époux un lien personnel qu'ils ne pouvaient plus rompre, sous peine de fortes sommes à payer, et qui, de plus, avait des effets analogues au mariage lui-même.

Ainsi l'enfant né en suite de fiançailles régulières
était *légitime ;* de même encore les droits de succession réciproque étaient ouverts au profit de chacun
des fiancés. La cérémonie même du mariage, qui
n'était autre chose que la conclusion solennelle du
pacte intervenu entre deux familles, ne faisait que
ratifier et consacrer définitivement les engagements
pris aux fiançailles. Et les effets du mariage rétro-
agissaient au jour où elles avaient été conclues (1).

Le droit canonique armé des principes de l'E-
glise, produisit en Allemagne une influence considérable, à tel point que la théorie du mariage fut
distraite du domaine civil pour rentrer tout entière
dans le droit canon et que les tribunaux ecclésiastiques furent seuls admis à connaître des difficultés
soulevées en cette matière.

« Le caractère juridique du mariage, dit M. Lehr
dans son « Traité du droit germanique, » s'effaça
de plus en plus devant son caractère religieux et sa-
cramentel. Les fiancés chrétiens furent astreints à célébrer leur mariage en la forme religieuse, c'est-à-
dire à manifester non plus seulement en présence
de leurs parents assemblés, mais à l'église leur in-

(1) « Wo die Decke Mann und Weib beschlagen hat ». Rcf. de
Francfort, III, 3-5.

Æneas Sylvius. — *Histoire de Frédéric III*, p. 39.

tention de s'unir en mariage, et à recevoir la bénédiction du prêtre. Toute union secrète fut condamnée et interdite. »

Il faut cependant remarquer que, pendant longtemps encore, on continua d'assigner comme véritable point de départ du mariage, non point la cérémonie religieuse, mais la cohabitation des deux époux.

Ce n'est que le concile de Trente qui subordonna définitivement le mariage à sa célébration par le prêtre en présence de deux témoins (Ses. XXIV, chap. Ier).

L'influence de l'Eglise eut encore pour résultat de consacrer l'indissolubilité du lien conjugal, et d'augmenter les empêchements au mariage.

Après la réforme du seizième siècle, les pays protestants s'affranchirent du clergé catholique en ce qui concerne le mariage. Ils récusèrent la compétence des évêques et des curés. Le clergé résista longtemps. Il dut cependant céder peu à peu une partie de ses prétentions, jusqu'au jour où il s'écarta complètement dans ce pays de tout ce qui touchait au mariage.

C'est ainsi que, progressivement, le mariage devint dans les pays protestants d'Allemagne un contrat d'ordre purement civil.

La célébration religieuse se maintint cependant,

mais elle n'eut plus qu'une seule raison et un seul but : prouver publiquement le mariage.

Avant d'étudier la législation uniforme qui régit aujourd'hui l'Allemagne au point de vue des formes du mariage, il est intéressant d'indiquer rapidement quel était, avant le dernier état de la législation, le système adopté dans les principaux pays d'Allemagne.

A côté du droit canon, détrôné dans les pays protestants, s'était formé un corps de Doctrines sous le nom de *Droit commun ecclésiastique protestant*. Il régissait l'ancien royaume de Hanovre à l'exception de la Frise occidentale, du pays de Lauzen, de l'électorat de Hesse, du grand-duché de Hesse, de l'ancien duché de Nasseau où le Code général prussien a conservé force de loi.

Il était également en vigueur autrefois dans la Prusse et le Nuremberg.

Dans quelques rares pays de droit protestant, notamment à Hambourg, la validité du mariage était absolument indépendante du caractère religieux. L'officier de l'état-civil y procédait seul valablement.

Dans le grand-duché de Bade, notre code civil français fut adopté dès l'année 1809. Cependant le titre du mariage a subi d'importantes modifications. Il y avait en effet contradiction entre notre mariage

civil *obligatoire* et le mariage *religieux obligatoire*
aux termes d'un décret du grand-duc rendu le
15 juillet 1807. — Aussi une ordonnance interpréta-
tive, qui porte la date du 29 octobre 1810, tranche-
t-elle la difficulté d'une façon ingénieuse : Elle porte
que le ministre du culte remplira dans le grand duché de Bade le rôle d'officier de l'état-civil, et que
sa bénédiction unira les époux au nom de la loi
civile comme au nom de la loi religieuse.

Le mariage était précédé de trois publications
faites dans la paroisse de chacun des deux futurs
époux. Lorsqu'ils professaient tous deux le même
culte le ministre devait se conformer au rituel de
ce culte. Dans le cas contraire il devait négliger les
formes qui se trouvaient en contradiction avec les
règles de ce culte.

S'il s'agissait d'individus appartenant à une religion qui n'admettait point de bénédiction religieuse, tels que les *anabaptistes* ou les *séparatistes*,
ou bien de chrétiens appartenant à des cultes différents, tels que chrétiens et juifs, dans tous ces cas
le ministre du culte devait se borner à recevoir
des parties la déclaration qu'elles entendaient
toutes deux se prendre pour mari et femme.
Il déclarait ensuite qu'il ne connaissait aucun
empêchement légal à leur mariage ; qu'en conséquence, en sa qualité de représentant du gouverne-

ment et de fonctionnaire, il leur accordait (sans avoir à se préoccuper des lois de l'Église) la permission de vivre comme mari et femme, en restant soumis à toutes les obligations résultant du mariage (1).

En 1832, une ordonnance du 3 février enjoignit au ministre du culte, qui procéderait à la célébration d'un mariage, de faire aux futurs époux, avant d'entrer à l'Église, la lecture du chap. VI du titre du mariage de notre code civil.

En Bavière, la célébration du mariage était régie par une ordonnance royale de 1808. Le consentement des futurs époux devait, sous peine de nullité, être déclaré devant le curé ou le ministre du culte ordinaire de la paroisse de l'une des parties, ou devant un autre curé délégué par l'évêque en présence de deux témoins (art. 5). Pour le cas du mariage mixte, une ordonnance royale du 25 septembre 1814 avait laissé aux futurs conjoints le choix entre le ministre du culte du mari et celui de la femme.

Il y avait une disposition fort singulière dans la législation bavaroise sur le mariage en ce qui concernait le mariage des Bavarois à l'étranger. Elle est contenue dans une ordonnance royale du 12 juillet 1808.

____

(1) V. art. 19 du décret de 1807.

« La présente ordonnance, dit l'article 16, ayant favorisé autant que possible toutes les unions matrimoniales contractées dans le royaume, il est sévèrement défendu aux sujets de contracter mariage à l'étranger. Tous les mariages contractés en dehors du royaume seront considérés comme nuls. Tout individu qui, en contravention de cette prohibition, contractera mariage en pays étranger sera puni, à son retour sur le territoire du royaume, d'un emprisonnement d'un mois, dont il sera tenu de payer les frais, ou de fournir la valeur par son travail. »

Cette rigueur ne fut d'ailleurs pas de longue durée.

Une ordonnance du 6 août 1815 permit aux autorités administratives de ratifier les mariages contractés à l'étranger en contravention de la prohibition édictée par l'ordonnance de 1808.

En Wurtemberg, le mariage devait être précédé de fiançailles publiées trois fois. Les formalités étaient les mêmes que celles que nous avons vues en Bavière ; cependant la nullité des mariages contractés à l'étranger ne pouvait être évitée que par une autorisation préalable du gouvernement.

Dans le royaume de Saxe, une seule particularité à signaler: les futurs époux devaient, au moment de la célébration, affirmer solennellement qu'ils n'étaient point engagés par des fiançailles envers d'autres personnes.

En Hanovre, les autorités civiles devaient se livrer à une véritable enquête sur la fortune des époux et se rendre compte s'ils pouvaient se créer des moyens d'existence suffisants. L'absence de l'enquête et d'un certificat d'approbation constituait un empê-chement prohibitif; et les époux qui avaient passé outre à cette formalité se voyaient interdire toute résidence autre que leur domicile d'origine. C'était là une interdiction de séjour sanctionnant les prescriptions que nous venons d'énoncer.

En Prusse, les publications préalables au mariage étaient faites à trois dimanches consécutifs dans la chaire de la paroisse de chacun des futurs époux. L'autorité hiérarchique, qui venait immédiatement au-dessus du ministre du culte de la future épouse, pouvait la dispenser de l'une des publications ; cependant elle n'en avait pas besoin lorsque le futur époux, appartenant à l'Église luthérienne ou à la colonie française, avait obtenu lui-même une dispense émanant de ses autorités ecclésiastiques.

L'omission des publications entraînait une amende et même l'emprisonnement. Le délinquant n'était absous que s'il prouvait qu'il avait été en danger de mort ou qu'il avait entrepris un voyage dangereux ou lointain pour le service de l'État.

L'union n'était parfaite que par la bénédiction ecclésiastique. Toutefois à l'égard des juifs, un Édit du 11 mars 1812 décida que leur mariage serait considéré comme valablement célébré par la réunion des futurs époux sous le poêle et par l'échange des anneaux.

Les étrangers ne pouvaient se marier en Prusse qu'en justifiant par pièces authentiques que les lois de leur nation ne contenaient aucun empêchement au mariage.

Quant aux Prussiens, ils se mariaient en pays étranger suivant les formes usitées dans le lieu où ils se trouvaient.

Le code général prussien n'était considéré et appliqué par plusieurs provinces du royaume que comme loi subsidiaire, lorsque les textes législatifs spéciaux étaient muets. Il en était même qui étaient exclusivement régies par le droit commun allemand. Tels étaient les anciens comtes de Witgenstein-Berleburg et Witgenstein-Witgenstein, les bailliages de Burbach et de Neuem-Kirchen, le duché de Westphalie et la principauté de Siegen. Dans ces derniers pays, le mariage était religieux ou civil suivant que la religion était catholique ou protestante. Il en était de même des localités cédées par les Nassau en 1814 et où le code général n'a jamais pénétré.

La forme du mariage entre protestants et catholiques avait établi des courants divers de doctrine et de jurisprudence. On reconnaissait généralement que dans ceux des pays allemands, qui avaient adopté le droit protestant, les mariages entre catholiques et protestants pouvaient revêtir les formes protestantes ou catholiques.

Un arrêt relativement récent du tribunal de l'Empire vient encore de consacrer ces principes pour les anciens mariages (1).

Dans les pays catholiques, la controverse fut tellement vive que les opinions en présence n'ont jamais pu trouver un terrain de conciliation.

Telle était, esquissée à grands traits, l'ancienne législation allemande. Cette diversité de législation en matière de mariage réclamait une réforme, car elle rendait très difficile les mariages entre nationaux qui cependant appartenaient à la même race et avaient entre eux des relations continuelles.

§ II. — *Réforme. — Mariage civil.*

En 1848, la constitution qui fut élaborée le 27 décembre par le parti révolutionnaire décréta le caractère obligatoire du mariage civil. Et ce n'était

(1) Thèse de Doctorat, Caen, 1878. *Célébration du mariage.*

point là une réforme conçue dans un esprit d'opposition au mariage religieux, mais elle voulait arriver par ce moyen à l'uniformité de législation.

En 1867, le parlement de l'Allemagne du Nord invita le chancelier de la confédération à lui présenter un projet de loi réglant le mariage civil et le rendant obligatoire.

En 1870, le cinquième congrès des jurisconsultes allemands réuni à Heidelberg adopta la résolution suivante :

« Le mariage civil doit être regardé comme la seule forme du mariage possible dans les rapports actuels de l'Église et de l'État en Allemagne. Tous les obstacles résultant des différences de religion tombent avec l'introduction du mariage civil. »

La loi fédérale du 4 mai 1870 décida que tous les Allemands pouvaient se marier à l'étranger par l'entremise du consul allemand de la localité, sans avoir à exiger la promesse d'une union religieuse postérieure. — C'était bien affirmer au moins le principe du mariage civil. Il ne fut cependant réellement organisé en Prusse que par la loi du 9 mars 1874.

§ III

Il est intéressant de dire un mot des motifs qui ont déterminé la Prusse à commencer la réforme législative en matière de mariage.

Ce fut d'abord une lutte très vive, surtout à partir de l'année 1871, qui s'engagea entre le gouvernement prussien et l'Église catholique. La loi du 11 mars 1871 enleva aux ministres du Culte l'inspection des écoles. L'ordonnance du 8 juillet 1871, à la suite d'événements que nous n'avons pas à relater ici, supprima du ministère la direction du Culte catholique. Puis vinrent les lois constitutionnelles des 11 et 12 mai 1873 qui s'occupèrent, jusque dans les plus minutieux détails, de l'organisation du clergé catholique, le soumettant à un contrôle très étroit et très rigoureux de la part de l'État, et rendant par là même très difficile le recrutement du clergé, et presque impossible pour les prêtres leur sortie de l'Église.

Nous arrivons alors à la loi de 1874, qui a été définie très heureusement: « La loi qui fut destinée avant-toutes choses à vexer le clergé et à accentuer la rupture entre l'Église et l'État. »

L'exposé des motifs de cette loi indique cepen-

dant qu'une autre raison a poussé la Prusse dans
cette voie de réforme, ce fut le désir du fonction-
nement régulier des institutions de l'État. « En
raison de l'importance du mariage comme base
de tout droit de famille, dit-il, les dispositions qui
fixent sous quelles conditions et dans quelles formes
le mariage peut être conclu légalement, relèvent de
la législation de l'État. La propriété dont jouit le
mariage religieux de produire des effets civils,
repose uniquement sur la législation de l'État. La
plupart des conflits entre l'Église et l'État, qui se
rapportent à la conclusion du mariage et à l'établissement de l'état civil, ont au fond leur cause
dans la prétention de l'Église d'exercer le pouvoir
qui lui est confié comme s'il lui appartenait en
propre et uniquement d'après les règles qui sont
pour elle obligatoires. L'État est obligé, pour maintenir son autorité, de reprendre le pouvoir conféré
par lui à l'Église. »

Enfin Falck, qui était ministre des Cultes à cette
époque, nous fait connaître un dernier motif: « La
création des paroisses de vieux catholiques ne
fait que commencer et ne peut avoir lieu que
peu à peu, en sorte qu'il y aura beaucoup de vieux
catholiques vis-à-vis desquels le gouvernement
considère comme étant de son devoir de prendre
des mesures pour assurer leur état-civil et leur

donner une forme de mariage qui ne les oblige pas, contrairement à leurs convictions, à sortir de l'Église (1).

La conduite des évêques vis-à-vis de l'État nécessite impérieusement, pour des raisons pratiques, l'interdiction du mariage civil obligatoire. Les ecclésiastiques illégalement nommés à leur emploi (et ils le seront chaque fois que l'État n'aura pas été appelé à participer à leur nomination) ne peuvent procéder valablement aux actes de la vie civile. Une grande partie de la population catholique en serait donc réduite à conclure des mariages entachés de nullité. De là les plus graves inconvénients et les plus grands embarras à exiger que l'on examine si l'ecclésiastique délégué par l'évêque a été ou non reconnu par l'État. »

§ IV. — *Loi de l'Empire. « Législation actuelle de l'Allemagne. »*

La loi de 1874 sécularisa donc le mariage. La tenue des registres de l'état-civil fut enlevée aux ministres du culte, qui ne purent plus, comme le comportait encore le projet, se voir conférer par le gouvernement la qualité d'officier de l'état-civil.

(1) On voulait donc faciliter le schisme des « vieux catholiques ».

La loi de 1874, rendant ainsi obligatoire le mariage civil, s'appliquait au royaume de Prusse. La loi d'Empire du 6 février 1875 en étendit les dispositions à tout l'Empire d'Allemagne.

Ainsi donc, aujourd'hui, sur tout le territoire de l'Empire allemand un mariage ne peut être valablement célébré que devant l'officier de l'état-civil. L'officier compétent est celui du district où l'un des futurs époux a son domicile ou sa principale résidence. Le mariage est célébré en présence de deux témoins majeurs. L'officier de l'état-civil demande successivement à chacun des futurs époux s'ils entendent se prendre pour mari et pour femme. Sur leur réponse affirmative il leur déclare qu'en vertu de la loi, ils sont unis par le mariage.

La loi de 1875, dans le § 41, s'était occupée des formules du mariage en droit international et avait explicitement tranché la question dans le sens de la règle : « *Locus regit actum,* » en disposant que les formes édictées par elle étaient applicables uniquement dans l'Empire Allemand. Cette disposition a disparu du projet de Code civil allemand de 1888 (1). Les rédacteurs ont décidé fort raisonnablement qu'il

____

(1) Les règles édictées par ce projet sont identiques à celles édictées par la loi de 1875, en ce qui concerne les questions de fond. Quant aux règles de forme les dissemblances sont légères et nous n'y insisterons pas.

était dangereux de trancher dans une loi civile une question de droit international.

Une fois le mariage civil accompli, les époux peuvent procéder à la célébration religieuse selon les formes du culte auquel ils appartiennent. Le ministre du Culte doit cependant exiger des époux un certificat constatant que l'union civile a précédé l'union religieuse. Les choses se passent donc exactement comme dans notre législation française.

Signalons, en terminant, qu'il y a en vigueur, dans le grand-duché de Bade, une loi spéciale promulguée le 27 juillet 1885, et dont les dispositions réfèrent exclusivement à la célébration du mariage des personnes appartenant à la famille grand-ducale. Le fonctionnaire qui a qualité pour recevoir ces actes, est le président du Conseil des Ministres, ou, en cas d'empêchement, un fonctionnaire désigné par lui. Le mariage, qui est dispensé de toute publication, peut être contracté soit par les personnes appartenant à la famille grand-ducale, soit par les personnes qui leur sont fiancées (1).

(1) Pour les détails voir M. Pillons, *Célébration du mariage en Allemagne. (Loc. cit.)*

CHAPITRE II

§ I. — *Notions historiques. — Landrecht Prussien.*

Les lois barbares autorisaient le divorce avec une grande facilité. Et ce n'est qu'au douzième siècle que l'Eglise catholique réussit à faire triompher en Allemagne l'idée d'indissolubilité du mariage. — Elle reconnut bien cependant que, tant qu'il n'y avait pas eu consommation du mariage, le pape avait le droit de prononcer, pour des motifs très graves, la nullité d'un mariage.

Mais pour tous les cas où les époux ne pouvaient qu'invoquer l'impossibilité de continuer la vie commune, elle ne reconnut qu'un seul moyen de la faire cesser : la *séparation* de corps. C'est 'ce qu'elle appelait *separatio a thoro et mensâ* (1).

Ce principe a conservé toute sa force dans les pays germaniques où la doctrine catholique avait fait pénétrer et triompher ses enseignements(2).

Ce fut dans les pays protestants que le juge fut investi du droit exorbitant de rompre les mariages en raison de certaines circonstances prévues par la loi. Aussi le divorce y fut-il admis comme seconde cause de dissolution à côté de la mort naturelle de l'un des conjoints.

La diète de Smalcade, en 1537, proclama le rétablissement du divorce. Sans le réglementer, on décida qu'il ne pouvait avoir lieu que dans certaines limites, et sous certaines conditions. D'un côté, on pensait que la seule cause admise était l'adultère, d'un autre côté, on ne voulait voir dans l'adultère que le type par excellence d'une faute grave justifiant le divorce, et par conséquent étendre les causes de divorce.

(1) Lehr, *Eléments de Droit Germanique. — Du mariage.*
Nous verrons que l'Espagne a fait de cette *separatio a thoro et mensâ* un genre spécial de divorce.
(2) Cfr. Conc., XXIV, c. 7.

Ce fut cette dernière opinion qui prévalut et qui a passé, en Allemagne, dans les lois et la jurisprudence. A côté des causes qui permettent au juge de rompre le mariage, comme l'adultère, les sévices, la désertion du foyer domestique, l'attentat à la vie, et une condamnation à une peine infamante, plusieurs législations permettent au souverain d'annuler un mariage par voie de rescrit, dans certaines circonstances graves, et qui ne rentrent pas dans le cadre de celles prévues par la loi (Hesse, Schleswig - Holstein, Mecklembourg, Brunswick, Weimar, Cobourg-Gotha, Meiningen et Anhalt) (1).

La plupart des législations admettent la séparation de corps temporaire ou perpétuelle à côté du divorce.

Ici les deux étaient admises. — Elles étaient surtout destinées aux catholiques ne recourant pas au divorce.

Le *Landrecht* prussien aussi bien que le code saxon ont étendu dans une très grande mesure les causes du divorce. Ils ont dépassé à ce point de vue les principes de la doctrine protestante et les législations des autres états pro-

(1) Lehr, *op. cit.*
Glasson : *Le Mariage civil et le Divorce,* p. 330.

testants de l'Allemagne. Ils ont imaginé une série de causes de rupture du lien conjugal, absolument comme s'il s'agissait de résoudre un contrat ordinaire de la vie civile, d'où l'élément religieux et sacré serait totalement exclu. C'est ainsi que nous voyons inscrits dans le *Landrecht* tous les motifs suivants :

1° Adultère ; 2ᵉ désertion du foyer domestique ; 3° refus de la femme de suivre son mari ; 4° désobéissance au devoir conjugal ; 5° impuissance ; 6° démence, imbécillité ; 7° attentat à la vie ; 8° sévices graves ; 9° attentat à l'honneur ou à la liberté ; 10° peine infamante ; 11° accusation calomnieuse portée par un époux contre l'autre ; 12° exercice d'un métier malhonnête ; 13° ivrognerie ; 14° prodigalité ; 15° avarice du mari à l'égard de sa femme ; 16° changement de religion ; 17° incompatibilité d'humeur.

Aussi les dispositions de cette loi furent-elles vigoureusement attaquées par les théologiens, même par ceux qui professaient à cet égard les idées les plus larges.

En 1830 les pasteurs résolurent de ne plus s'en référer qu'au droit canon protestant et de ne plus admettre comme causes de divorce que celles qui s'y trouveraient indiquées. Leur résistance fut appuyée par les consistoires. Et un ordre de cabinet

du roi défendit en 1846 de les inquiéter à ce sujet (1).

Il en advint cependant un conflit qui était inévitable entre l'autorité religieuse protestante et la loi
civile, conflit qui s'est perpétué jusqu'à l'introduction du mariage civil dans l'empire d'Allemagne.

Telle était, dans ses caractères principaux, la loi
des protestants à l'endroit de la dissolution du lien
conjugal. En ce qui concerne les époux catholiques,
ils furent toujours libres de rester soumis en cette
matière à leur loi religieuse. Ils purent toujours,
lorsque le mariage n'avait pas été consommé, ou
que l'un des deux conjoints voulait entrer dans la
vie monastique, demander au Pape l'annulation de
leur mariage. Mais les causes devaient en être extra-
ordinairement graves. Aussi le mode de rupture de
la vie commune le plus fréquemment adopté était-
il la séparation de corps, temporaire ou perpétuelle.
Elle était demandée aux tribunaux ecclésiastiques
qui statuaient suivant certaines formes réglées par
la procédure canonique.

Quand les causes invoquées ne motivaient pas la
prononciation d'une séparation perpétuelle, et que
seule la séparation temporaire s'imposait, le droit
d'y mettre fin même avant l'époque fixée n'appar-

(1) Glasson : *Le Mariage civil et le Divorce*, (*loc. cit.*)

tenait qu'à l'époux innocent, jamais à l'époux coupable, qui devait toujours être à la disposition de l'autre.

Un fait assez remarquable c'est que le juge ecclésiastique, qui avait prononcé la séparation, avait qualité et compétence pour régler la situation pécuniaire des époux ; c'est ainsi qu'il déterminait le régime des biens et qu'il fixait le quantum de la pension alimentaire.

Lorsqu'il s'agissait de mariages mixtes conclus entre protestants et catholiques, et que la loi civile était muette, on appliquait généralement le droit canonique de l'époux défendeur. S'il était protestant, le divorce était prononcé, mais il ne valait que comme séparation de corps perpétuelle à l'égard de l'époux catholique; et inversement (1). C'était là une sage mesure qui aurait bien dû passer dans notre loi de 1884 sur le Divorce. Elle eût évité ce résultat scandaleux de voir un époux catholique divorcé malgré lui, au mépris de ses plus chers principes et par le seul fait de l'autre conjoint (2).

Le *Landrecht* prussien ne contient que très peu de détails sur la procédure du divorce. On y remarque cependant quelques dispositions analogues

(1) Glasson, *op. cit.*

(2) Ce résultat fâcheux se produira nécessairement dans le cas de l'art 310, de notre code civil.

à celles de notre législation. Ainsi la réconciliation, le pardon de l'offense constituaient toujours une fin de non-recevoir de l'action. — Le juge assignait à chacun des conjoints un domicile séparé pendant l'instance. Il les appelait en conciliation, et s'il constatait qu'il y avait chance qu'elle se produisît, il avait le droit et pour ainsi dire le devoir de différer sa sentence pendant un an.

Les conjoints divorcés peuvent se remarier ensemble autant de fois qu'ils le veulent.

La femme qui a obtenu le divorce peut, ou garder le nom de son mari (et c'est pour elle un droit), ou reprendre son nom de famille, ou enfin adopter celui de *veuve*. Si c'est contre elle que le Divorce a été prononcé, elle n'a plus droit au nom de son mari. Par simple tolérance, il peut le lui laisser porter. Si le mari avait promis un *morgengabe* (1), et s'il l'a donné, il peut le *reprendre* lors du partage. Quant aux donations faites pendant le mariage par l'époux qui a obtenu le divorce, elles ne se trouvent point révoquées de plein droit comme dans notre système de législation, mais la révocation peut simplement en être demandée.

Mittermayer (*Deutsches Privatrecht*, § 196) con-

____

(1) Il faut prendre ici ce mot dans son sens le plus généra qui est celui de *donation*.

idère le mariage indissoluble comme étant le type le plus parfait et le plus en harmonie avec l'idée sainte que l'on doit se faire de l'union matrimoniale.

Ce n'est malheureusement point cette idée qui a présidé à l'élaboration du *Landrecht* prussien. Il a té tout au contraire conçu sous un esprit empreint de la philosophie du dix-huitième siècle. On veut tenir le mariage pour un contrat ordinaire. Et de là à en autoriser la rupture avec une déplorable facilité, il n'y a qu'un pas. Le divorce mis à l'ordre du jour est une des causes qui ont amené la corruption des mœurs dans ce que l'on est convenu d'appeler plus ou moins justement les classes dirigeantes (1). « Grâce à la facilité du divorce, dit un journaliste de Berlin, qui par extraordinaire fut humoristique, il y a de grandes libertés en Prusse pour la femme lasse du devoir ou du sacrifice. Le mariage tel qu'il est pratiqué chez nous est au-dessous du mariage païen On se lie et on se délie à volonté au gré des besoins ou des caprices. — Il n'est pas rare qu'un gentleman qui va dans une ville de bains, trouve à l'hôtel quatre ou cinq dames qui ont été ses femmes. Les enfants ne connaissent plus ni père ni mère. On les expédie en

(1) Glasson: *Le Mariage civil et le Divorce dans les pays germaniques.*

Amérique ou ils tournent généralement mal. Et la
Société entière est bouleversée (1). »

Nous doutons beaucoup que cet état de choses
puisse se trouver amélioré par l'introduction du
mariage civil. En 1874, au moment où l'on discutait
la loi prussienne du 9 mars de la même année, on
avait émis le vœu de voir une nouvelle cause de
divorce dans le refus d'une célébration religieuse
après la célébration civile. — Il n'y fut point donné
suite, car on considéra cette idée comme contraire
à l'esprit de la loi en discussion (2).

Mais les croyances et les vieux principes sont
plus forts que les lois, et l'introduction en Allemagne du mariage civil ne fit que retarder le mariage religieux sans presque jamais l'exclure. — Si
l'on consulte, en effet, quelques éléments de statistique, on constate que le nombre des mariages civils, non suivis d'union religieuse, est fort restreint.
— Nous empruntons à M. Glasson les renseignements
précieux qu'il fournit à ce sujet. L'Éminent auteur
rapporte que dans le ressort de la cour de Cologne,
sur 66,148 mariages civils célébrés pendant les
années 1869, 1870, 1871, 387 seulement n'ont pas été
suivis de la bénédiction religieuse.

(1) Germania apud Tissot. — *Voyage au pays des milliards*,
p. 367.

(2) V. Richterdove: Lihrbuch des Kirchenrechts, §§ 270 et 287.

Dans le Palatinat Rhénan, 15,009 mariages civils ont eu lieu pendant les mêmes années, 108 seulement n'ont pas été célébrés à l'Église.

Cette proportion n'est certes pas encore atteinte chez nous. Mais quelle différence aussi entre l'Allemagne et la France au point de vue de l'anarchie et du désordre des religions ! L'Allemagne et la Prusse se croient appelées à bouleverser les religions admises, elles croient enfanter la religion de l'avenir. En 1872, le libre-penseur Strauss s'exprimait ainsi dans son livre intitulé : *L'ancienne foi et la nouvelle* (1) : « Pour ce qui est des rapports entre l'Église et l'État, nous ne pouvons former qu'un souhait, c'est que la main forte et ferme du chancelier de l'Empire allemand ne soit pas arrêtée dans son œuvre par l'immixtion de mains plus faibles. »

M. de Hartmann a plus récemment encore combattu les doctrines chrétiennes avec la même vigueur :

« Nous estimons, déclare-t-il, que les principes fondamentaux du christianisme et ceux de la culture moderne sont dans un irréconciliable conflit, et que ce conflit doit incessamment finir, soit par une réaction triomphante du christianisme, soit

______

(1) Deuxième éd., p. 294.

par une victoire complète remportée à son tour
par la culture moderne non chrétienne sur le christianisme. Ou bien, toute liberté publique succom-
bera sous le violent assaut de l'ultramontanisme,
ou bien le christianisme, sinon de nom du moins
de fait, sera anéanti..... Depuis que la Prusse a
fondé l'Empire allemand, depuis qu'elle a reconnu
que sa grande tâche historique consistait à reprendre la lutte séculaire contre Rome, nous pos-
sédons un point ferme, capable de devenir le centre
de cristallisation pour tous les efforts de la civilisation moderne, qui combat pour son existence
menacée par le christianisme. C'est le dernier et
désespéré combat de l'idée chrétienne avant qu'elle
se retire définitivement de la tribune de l'histoire. »

M. de Hartmann est mort peu de temps après
avoir écrit ce tissu d'erreurs. C'était pour lui le
dernier et désespéré combat de ses idées athées
avant qu'il ne se retire de l'histoire des libres-
penseurs. Sa seule excuse est d'avoir été un rêveur
entraîné par une imagination maladive. Sa doctrine
était d'ailleurs mal établie, comme tout ce qui
manque de base. Elle n'eut aucune influence sur le
catholicisme qui conserva toute sa vitalité.

La persécution, comme en tous temps, lui avait
donné de nouvelles forces.

§ II. — *Loi d'Empire de 1875.*

Nous en sommes arrivés maintenant au régime de la législation unique, à la loi d'Empire du 6 février 1875 qui a créé en Allemagne le mariage civil. Nous ne reviendrons pas sur son économie et ses dispositions. Nous renvoyons sur ce point à ce que nous avons dit aux pages précédentes. Rappelons seulement dans quel esprit elle était conçue, quel but elle se proposait d'atteindre.

« Elle est, dit M. Glasson (*op. cit.*), la conséquence naturelle et logique de la tendance chez la plupart des États modernes à séparer de la façon la plus complète le pouvoir temporel et le pouvoir spirituel. Il est bien fâcheux que cette loi ait été faite au milieu d'une véritable persécution, dirigée par la Prusse contre l'Église catholique. Elle est aussi devenue une arme de guerre. Aussi l'a-t-on votée avec une certaine précipitation, en omettant de statuer sur des points essentiels. Et il est même dans cette loi telle disposition de nature à froisser la conscience des catholiques, comme l'abolition de la séparation de corps perpétuelle, qui n'y aurait point pris place dans des temps plus calmes, et à la suite de délibérations mieux réfléchies. »

Le mariage civil était considéré par les jurisconsultes comme le résultat inévitable des rapports qui
existent entre l'Église et l'État. La réforme eut pour
point de départ ce raisonnement qu'il était impossible, au nom de la liberté de conscience, d'obliger
une personne appartenant à un culte non reconnu,
d'aller demander la consécration de son mariage à
un ministre d'un culte reconnu. C'est en considération de cette idée d'un esprit bien restreint,
que le *Landrecht* prussien avait proclamé le mariage civil, voulant que l'élément religieux fût
réglé par les règles et selon les formes de la religion de chacun.

La loi de 1875 doit être classée parmi les mesures
arbitraires que le gouvernement allemand s'est
cru le droit de prendre aussi bien contre l'Église en
général, que contre la papauté en particulier. Il a
du reste été fort mal inspiré en entreprenant cette
lutte dont les effets devaient finir par se retourner
contre lui.

Lorsque l'on examine l'esprit et la raison d'être
de cette guerre de l'Allemagne contre l'Église, on
reconnaît que la politique de l'Empire a eu surtout
pour but de se défendre. Elle l'a fait brutalement.
Si elle eût agi autrement, du reste, elle n'eût point
été allemande. Ce fut surtout la question du dogme
de l'infaillibilité qui détermina les hostilités.

Aussi voyons-nous se succéder une série de mesures plus violentes les unes que les autres. C'est d'abord la loi du 11 mars 1871, retirant l'inspection des écoles aux ministres de la religion et disposant que les inspecteurs seront à l'avenir nommés par l'État. C'est ensuite l'ordonnance du 8 juillet 1871, supprimant la division catholique au ministère des Cultes, puis les fameuses lois confessionnelles de 1873 (1).

Cette série de mesures préparait la loi de 1875, qui, nous l'avons vu, fut avant tout une arme de guerre contre le catholicisme.

En supprimant la séparation de corps perpétuelle, la nouvelle loi n'a point pris le soin de dire quelles étaient les causes de divorce, et quels seraient les motifs de séparation temporaire. Il en résulte que les tribunaux des divers pays ont à juger les instances en divorce d'après la législation locale ; et il n'y aura en cette matière de législation uniforme que lorsque le projet de code civil allemand de 1888 sera devenu une loi.

La loi de 1875 ne contient que deux dispositions se référant aux effets du divorce. La première a trait aux dix mois de viduité pour la femme entre le prononcé du divorce et un second mariage. La

______

(1) *Annuaire de législation comparée*, 1893.

seconde prohibe le mariage entre l'époux coupable
d'adultère et son complice.

Cette loi, à propos de la dissolution du mariage,
est donc loin d'avoir fait l'unité ; elle abolit la
séparation de corps et ne songe pas à régler le
divorce. L'incohérence de son économie ne s'explique que parce que son seul but était de combattre le
droit des catholiques, la haine l'a aveuglée, et elle
n'a point vu les lacunes immenses qu'elle laissait
derrière elle.

Quant au projet de code civil allemand de 1888,
il admet le divorce et la séparation de corps. Mais
celle-ci ne peut-être que temporaire. Il admet, à très
peu de chose près, les causes qu'il appelle *absolues*
et celles qu'il nomme *relatives*. Pour les premières
leur constatation entraîne de plein droit le divorce.
Il en est ainsi de l'adultère, de la bigamie, de l'attentat à la vie, de la désertion du foyer domestique.
Pour les autres, elles n'entraînent le divorce que si
le juge, appréciant les circonstances de fait, estime
que l'union est trop profondément ébranlée pour
pouvoir jamais se reconstituer ; tels sont : les sévices, injures, condamnations, etc...

Ajoutons enfin que ce projet n'admet pas le
divorce par consentement mutuel, l'incompatibilité
d'humeur, une maladie, on le changement de religion. De même il repousse l'institution de la

rupture du mariage par rescrit du prince, en dehors des cas prévus par la loi (1).

Nous avons essayé de donner une idée générale de la législation du mariage en Allemagne. Nous avons puisé nos renseignements et nos indications aux sources les plus abondantes et les plus pures, tâchant de mettre en relief les précieux documents qu'elles nous donnaient. Cette méthode de recherche et d'analyse nous a paru la plus sûre pour rester toujours précis. Nous continuerons d'ailleurs de l'appliquer dans la suite de cette étude.

Abordons maintenant la législation du mariage en Suisse.

(1) Motive, — T. IV, p. 577.

SUISSE

CHAPITRE PREMIER

FORMATION DU MARIAGE — LOI FÉDÉRALE
DU 24 DÉCEMBRE 1874

Jusqu'en 1874, la Suisse était loin d'avoir une
législation uniforme sur le mariage. Avec chaque
canton on rencontrait une loi différente. La diversité apparaissait surtout dans les détails de la célébration et la constitution des contrats matrimoniaux. La base, à peu près uniforme pour toute la
Confédération hélvétique, consistait dans l'obligation de procéder à la célébration religieuse. Celle-ci
était imposée par les codes des Grisons (art. 30), de
l'Argovie (art. 96) et de Berne (art. 58).

D'autres codes n'étaient pas aussi exclusifs et
admettaient des tempéraments. Ainsi les codes civils
de Zurich (art. 110) et de Schaffhouse (art. 98 et 109)
permettaient le mariage civil dans certains cas

6

spéciaux ; pour les non-chrétiens, pour les membres des églises dissidentes non reconnues par l'Etat, pour ceux qui ne peuvent pas se marier selon le droit commun alors que le droit civil le leur permet.

Aujourd'hui la loi fédérale du 24 décembre 1874, calquée, ou peu s'en faut, sur la loi prussienne du 9 mars 1874, établit la nécessité du mariage civil dans des termes qui méritent d'être relatés : « Un mariage juridiquement valable ne peut être conclu que devant l'officier de l'État civil. Il n'est permis de procéder aux cérémonies religieuses qu'après la conclusion dudit mariage devant cet officier. »

Ainsi donc, actuellement, la loi fédérale de 1874 a unifié les législations des cantons, en décidant uniformément que le mariage serait d'abord conclu devant l'officier de l'Etat civil, et qu'après, les époux seraient libres de faire bénir leur union par le ministre du culte auquel ils appartiennent.

C'est le même système qu'en France et nous n'y insisterons pas.

CHAPITRE II

DISSOLUTION DU MARIAGE. — DIVORCE

Le divorce a rencontré en Suisse, comme en France, des partisans résolus et des adversaires déclarés. La question se posa très nettement lors de la revision de 1874. A la réunion annuelle des jurisconsultes suisses, M. le professeur Carrard, dans un savant rapport, s'exprimait ainsi : « Nous préférons des lois qui sans chercher à venger la morale, font respecter l'indissolubilité du lien conjugal. L'idée catholique qui voit dans le mariage un « *consortium omnis vitæ* » est tout à fait juridique. Le divorce ne doit être accordé qu'en cas d'absolue nécessité (1) ; c'est un remède contre la dureté de

(1) C'est cette idée d'*Ultimum subsidium* qui s'était fait jour au Sénat Français lors de la discussion de notre loi du 27 juillet 1884. (V. l'*Officiel* du 24 juin 1884.)

notre cœur. L'Eglise protestante, dont les lois font autorité en cette matière, dans plusieurs cantons protestants allemands. s'est trop préoccupée des péchés que pourraient commettre des époux mal assortis. Nos confédérés, qui attachent une si grande importance aux intérêts de la famille, n'exigeront pas sans doute, dans la revision de nos lois, que l'on affaiblisse les liens du mariage en multipliant les causes en divorce. »

En 1872, la réforme fut tentée (1). Elle fut votée le 24 décembre 1874. La loi fédérale qui la consacrait fut publiée le 27 janvier 1875 et mise en vigueur le 1er janvier 1876.

Ses deux buts principaux étaient : unifier la législation de la confédération helvétique à l'égard du mariage et séparer autant que possible l'Église de l'État. Et cette uniformité n'est que la manifestation de la tendance générale de la législation suisse vers la centralisation du pouvoir et la suppression de l'autonomie des cantons. C'est, dit M. Glasson, la conséquence de l'acheminement vers l'unité de législation civile et commerciale. La Suisse, en adoptant cette réforme, a été, ce semble, beaucoup trop préoccupée d'imiter l'Allemagne. Et

(1) V. M. Glasson, *loc. cit.*

elle n'a point réfléchi que les besoins de ce vaste
Empire n'étaient point les mêmes que ceux d'un
pays qui malgré ses progrès restera un État secon-
daire (1).

La loi de 1874, qui a établi le mariage civil d'une
façon analogue à la nôtre, a facilité le mariage dans
des proportions ridicules. C'est ainsi qu'elle décide
qu'à partir de l'âge de 20 ans, on peut se marier sans la moindre permission des parents.
Quant à la disparité de religion, nous sommes en
matière civile, la loi n'en parle pas ; à plus forte
raison ne crée-t-elle pas d'empêchement de ce
chef.

Avant la loi fédérale, le divorce était loin d'avoir
pris l'extension que nous sommes obligés de constater aujourd'hui dans la législation suisse.

Dans les trois cantons de la Suisse française, où la
législation ressemblait à celle de notre code civil, le
divorce était en vigueur depuis plusieurs siècles. Il
était également pratiqué dans les cantons allemands
non catholiques. C'est ainsi que nous le voyons
réglementé par les lois d'Appenzell, de Bâle, d'Argovie, de Soleure, de Berne et des Grisons.

Le canton de Zurich présentait cette particularité

____

(1) *Annuaire de la société de législation comparée, 1874,* p. 45
et suiv.

que le divorce n'y pouvait avoir lieu par consentement mutuel, qu'autant que le mariage avait duré moins de 25 ans et plus de 4 ans.

Les lois régissant les cantons du Tessin, de Lucerne et du Valais n'admettaient pas le divorce.

La loi fédérale l'a établi pour toute la confédération sans exception; ella a eu le tort de supprimer la séparation de corps, qui, sauf dans le canton de Vaud, était universellement acceptée. Elle a cependant maintenu une sorte de séparation de corps temporaire, dont la durée ne peut excéder deux ans. A l'issue de ce délai, s'il n'est point survenu de réconciliation entre les époux, les tribunaux *doivent* prononcer le divorce (1).

La loi fédérale n'admet pas le divorce par consentement mutuel. Et cependant, en fait, il se produit très fréquemment, car elle permet au juge de prononcer le divorce lorsque les deux époux le demandent, chacun de leur côté, en alléguant des circonstances desquelles il résulte que la vie commune est devenue insupportable. En pratique, même l'enquête des faits reprochés réciproquement se réduit à rien. Et le mariage se trouve, en dernière analyse, dissous par la seule volonté des époux. C'est ce qui a fait dire à M. Glasson, dans son ouvrage sur le

____

(1) Voir *infra*, à propos de la conversion de la séparation de corps en divorce.

mariage civil et le divorce (Pays germaniques), « que le mariage tendait à devenir dans certaines classes de la société un simple bail. »

Les causes déterminées du divorce sont à peu près les mêmes que dans la législation autrichienne : l'adultère, sans distinguer s'il est imputable au mari ou à la femme; avec cette seule restriction que l'époux offensé ne serait plus recevable à l'invoquer au bout de six mois; les sévices et injures graves, la condamnation à une peine infamante, l'attentat à la vie, et enfin l'abandon qui a duré plus de deux ans. Ajoutons l'aliénation mentale reconnue incurable.

Nous constatons donc que la loi fédérale de 1874 a étendu à la Suisse entière le mariage civil et le divorce. — La majorité des cantons protestants prétendaient « que les cantons catholiques ne considéraient le mariage civil établi dans d'autres parties de la Suisse que comme une forme de concubinage. » Ils se plaignaient aussi de ce qu'un membre d'une commune ne pouvait se marier sans la permission du maire et du conseil cantonal; s'il se mariait dans un autre canton, les autorités de son village pouvaient ternir l'honneur de sa femme et refuser de reconnaître à ses enfants les droits de citoyen. »

De là des scandales continuels qui portaient de

rudes atteintes à la dignité et au respect du mariage. Aussi il semble que ce soit vraiment dans son intérêt que la confédération ait demandé l'unité de législation. Le tout est de savoir si les inconvénients qui en résultaient n'étaient pas largement compensés par la liberté laissée aux cantons catholiques de repousser le divorce.

Ecoutons l'intéressante réponse que fait M. Glasson à cet égard (1).

« Le gouvernement suisse s'est à juste titre préoccupé des résultats que pourrait produire l'application de la loi nouvelle particulièrement au point de vue du divorce. A cet effet, il a prescrit au bureau fédéral de statistique de dresser, pour toute l'étendue de la Suisse, des tableaux très complets et très minutieux sur le nombre des divorces, leurs causes, la durée des mariages dissous et les professions des maris divorcés. Nous avons obtenu communication de cette statistique pour l'année 1876, et les tableaux dressés par le bureau fédéral donnent des renseignements de la plus haute importance. Ils constatent que le nombre des divorces est énorme en Suisse. En 1876, il a été prononcé 1,102 divorces et 190 séparations de corps temporaires. Si l'on rapproche ce chiffre

(1) *Loc. cit.*, v. *supra.*

de celui des mariages, on est amené à constater qu'il y a en Suisse 4 divorces sur 100 mariages.

» Le bureau fédéral reconnaît que d'après les documents fournis par les états étrangers, nulle part le divorce n'est aussi fréquent. On s'est demandé si le nombre considérable de divorces de l'année 1876 ne tenait pas à ce que les cantons catholiques, jusqu'alors privés de ce moyen de rompre le mariage, en avaient usé pour la première fois. »

«Mais les statistiques constatent que ces cantons n'ont presque pas recouru au divorce, et le bureau fédéral en conclut qu'une nouvelle augmentation dans le nombre des divorces est à craindre pour la Suisse.

«Si les cantons catholiques, dit le bureau fédéral, dans son travail de statistique, avaient une forte part à ces 1,102 divorces, nous serions jusqu'à un certain point autorisés à considérer ce résultat comme une exception, puisque avant 1876, les mariages entre catholiques ne pouvaient pas être dissous. »

Mais comme ce n'est pas là le cas, il est à craindre que le chiffre des divorces n'augmente encore chez nous.

La femme divorcée conserve le rang social qu'elle avait acquis par son mariage tout en perdant le nom de famille de son mari.

Chacun des époux doit, en ce qui concerne les biens, être remis dans la situation qu'il avait avant son mariage. Ainsi les cadeaux de fiançailles, de noces, et tous autres dons reçus pendant le mariage sont restitués de part et d'autre. La femme peut demander la restitution immédiate de ses biens, à moins que ce retrait rapide ne soit de nature à préjudicier à une industrie, ou qu'il faille, pour l'exécuter, vendre des immeubles. Dans ce cas, le mari a droit à un délai qui est fixé par le juge.

Si le divorce a été prononcé aux torts du mari, la femme a droit à une indemnité à titre de dommages et intérêts. Il en est de même à l'endroit du mari. On tient compte, dans l'évaluation de cette réparation pécuniaire, de la gravité de la faute et de l'importance du préjudice causé et aussi des conséquences plus ou moins fâcheuses qui peuvent en résulter pour les enfants.

Les fiançailles, dans l'esprit de la loi, ne sont pas dépourvues de caractère juridique et obligatoire, car elles permettent à l'un des fiancés d'intenter une action en indemnité contre l'autre si celui-ci rompt, sans motif valable, le projet de mariage.

AUTRICHE

CHAPITRE PREMIER

FORMATION DU MARIAGE — SA CÉLÉBRATION
CODE CIVIL DE 1811
LOIS DE 1868 ET DE 1870

C'est le Code de 1811 qui, longtemps, a réglementé la matière du mariage, laquelle a si souvent varié en Autriche (1). Il n'érige pas encore le caractère civil du mariage en principe absolu, mais les règles qu'il édicte sont autant d'échecs au droit canonique.

Le mariage est précédé de trois publications faites aux dimanches ou fêtes, devant l'assemblée religieuse de la paroisse. Si les deux parties professent un culte chrétien autre que la religion catholique, la publication est faite par le ministre de ce culte dans les assemblées religieuses du même culte et, en outre, dans les Églises paroissiales catholiques dont la circonscription comprend le lieu de leur domicile.

(1) Cfr. Rittner. — Westerrei Kirches Eherecht-Fuchs. — Michel.

Il en est de même si le mariage est mixte, c'est-à-dire quand un des futurs époux est catholique. Les publications sont considérées comme non avenues, si le mariage n'est pas contracté dans les six mois qui suivent la dernière d'entre elles.

L'article 45 du Code de 1811 supprime la formalité des fiançailles. Le mariage continue à être célébré à l'Église. Si l'union doit se former entre catholiques et non catholiques, elle est célébrée par le prêtre catholique, mais le ministre du culte dissident a le droit et le devoir d'y assister.

Il est à remarquer que cette confusion de l'élément civil et religieux en matière de mariage a produit des conséquences bizarres, notamment les suivantes :

Le Code civil contient les causes de nullité du mariage. Elles sont conformes à la loi religieuse; et les différends qu'elles peuvent occasionner sont de la compétence des tribunaux ecclésiastiques. Le curé est en même temps officier de l'état-civil. Et c'est comme officier de l'état-civil qu'il a la faculté de se refuser à la célébration du mariage. Aussi les futurs conjoints peuvent-ils appeler de sa décision devant la juridiction civile.

Dans cette institution mixte du mariage autrichien la plus minime part est réservée à l'Eglise. Elle s'en plaignit de toutes ses forces et elle finit par

avoir gain de cause. Une patente et une loi du 8 novembre 1856 ont restauré la vigueur primitive des
règles canoniques et rendu force de loi aux décrets
du concile de Trente. Les tribunaux ecclésiastiques
furent réintégrés dans la plénitude de leurs fonctions. Les unions conclues entre catholiques et dissidents ne purent plus recevoir la bénédiction nuptiale, qu'autant que les futurs époux promettaient
de faire élever dans la religion catholique les enfants qui naîtraient de leur mariage.

Cette victoire de l'Église catholique ne devait malheureusement point durer bien longtemps.

En 1868, le parti libéral voulut transformer la
législation de 1856. Le 21 décembre, proclamation
des droits des citoyens; égalité devant la loi;
inviolabilité de la propriété; liberté de la presse;
liberté d'association; accès pour tous à toutes
les fonctions publiques (1); droit pour le pouvoir civil de limiter à sa discrétion, au nom
de l'intérêt gouvernemental, la faculté pour les
établissements de main-morte d'acquérir et de
posséder des immeubles. Cette dernière restriction a été copiée sur l'art. 42 de la constitution
prussienne. Nous n'avons pas à nous étendre sur
les justes réclamations qu'elle a soulevées parmi les

____

(1) Jusque-là les Israélites en avaient été formellement exclus.

défenseurs de l'Église ; contentons-nous de dire qu'elles furent encore rendues plus vives, lorsqu'au nom de la liberté de conscience, on exclut du serment toute forme religieuse, et qu'au nom de la liberté de l'enseignement, on retira à l'Église le monopole de l'enseignement.

Ces grands principes que l'on proclamait d'une façon si violente et sous une inspiration aussi anti-religieuse devaient nécessairement avoir un contre-coup direct dans la législation du mariage.

Avant de passer au dernier état de la législation autrichienne, signalons deux points qu'il est intéressant de noter.

Le mariage, sous le code de 1811, pouvait avoir lieu par procuration. Il suffisait de demander à cet effet une autorisation spéciale des autorités. Il y avait même des « procureurs » assermentés qui étaient officiellement désignés pour recevoir mandat des futurs conjoints de procéder en leur nom à la célébration du mariage.

A cette même époque et encore aujourd'hui, une personne juive ne pouvait pas épouser une personne chrétienne. Cette impossibilité a donné lieu à une intéressante difficulté, compliquée d'une question de droit international, qui s'est déroulée devant la cour suprême d'Autriche et qui a été tranchée par un arrêt du 6 mars 1878.

Un mariage avait été contracté entre un Autrichien juif et une Prussienne catholique. La célébration avait eu lieu en Prusse. Valable d'après la loi prussienne (la loi du 9 mai 1874, art. 56, ayant abrogé les dispositions contraires du Code général prussien), il était nul d'après la loi autrichienne. On prétendait que, comme il s'agissait d'un acte passé à l'étranger par des étrangers, la loi autrichienne était impuissante à l'atteindre, puisque la capacité est régie par la loi d'origine et que la loi d'origine de la femme autorisait son mariage avec un juif. Mais il a été cependant décidé que le mariage était nul parce que la capacité devait exister de la part des deux époux, et que le mari était, en sa qualité de juif, incapable, d'après la loi autrichienne, de contracter mariage avec une chrétienne catholique.

Revenons maintenant à l'étude des deux lois du 25 mai 1868 et du 9 avril 1870.

La première loi du 25 mai 1868 commence par abroger l'article 768 de la loi de 1811 qui disposait que le fait de quitter le christianisme était une cause d'exhérédation, et que toute personne ayant tenté de détourner un chrétien de sa religion ou ayant propagé des doctrines contraires à la religion chrétienne, serait considérée comme coupable de délit.

Elle permet dans les mariages mixtes que les époux ne prennent plus l'engagement d'élever leurs

7

enfants dans la religion catholique. A défaut de conventions spéciales, le fils suit la religion du père et la fille celle de la mère. A 14 ans l'enfant peut cependant changer de religion et choisir celle à laquelle il veut appartenir.

La seconde loi du 25 mai 1868 a abrogé celle de 1856 qui avait fait revivre les règles et les principes du concile de Trente. Elle a institué les tribunaux civils matrimoniaux destinés à remplacer les tribunaux ecclésiatiques.

Il est facile de remarquer que ces lois novatrices de 1868 n'ont pas osé jeter dans la matière du mariage le bouleversement que l'on pouvait craindre après les réformes si profondes qui s'étaient opérées dans les esprits libéraux. Cette dernière loi a confondu le mariage civil et religieux. Sur ce point par conséquent elle n'a fait que faire revivre les idées de 1811.

Toutefois il y a avec cette époque une différence des plus importantes, c'est que la législation actuelle, tout en conservant au mariage son caractère mixte, a cependant exigé la célébration civile. Et si, pour une raison quelconque, le prêtre ne pouvait ou ne voulait marier les deux futurs conjoints, ils étaient libres de s'en tenir uniquement au mariage civil. Il faut reconnaître que ce dernier cas est tout à fait exceptionnel et que l'on ne voit point en Autriche,

comme chez nous, des statistiques effrayantes de
mariages civils.

La loi de 1870 a visé uniquement les mariages des
personnes n'appartenant à aucune des religions
reconnues par l'Autriche. Son but, en introduisant
pour les dissidents le mariage civil obligatoire
devant le chef du district, a été d'éluder la prohibition de l'article 64 du code civil interdisant le mariage entre chrétiens et non chrétiens. Les futurs
époux n'ont qu'à déclarer qu'ils n'appartiennent à
aucune religion. Ils sont alors légalement mariés
aux yeux de la loi autrichienne et peuvent faire
bénir leur union par un ministre de leur culte en
pays étranger (1).

(1) Voir sur ce point le discours de M. Felder, bourgmestre de
Vienne, dans une récente discussion à la Chambre des Seigneurs
à l'occasion d'une nouvelle proposition de réforme sur le mariage.

CHAPITRE II

Il nous reste maintenant à étudier la dissolution du mariage en Autriche.

La séparation de corps et le divorce y sont parallèlement admis. La première est le moyen pour les catholiques de remédier à une union malheureuse, le second est la ressource des non catholiques.

La séparation de corps peut se produire par consentement mutuel ou pour une cause déterminée.

Les causes déterminées sont : l'adultère, la condamnation pour crime, l'attentat à la vie, la désertion du foyer domestique, une vie désordonnée, les excès, sévices et injures graves.

Les époux séparés n'ont, le jour où ils veulent reprendre leur communauté d'existence, qu'à faire la simple déclaration de leur intention devant le juge.

Quant au divorce, il n'est possible que pour dissoudre des unions contractées entre époux dont aucun des deux n'était catholique au moment de la célébration (1).

Les causes sont: l'adultère, la condamnation à cinq ans de *kerkerstraf* (2), l'attentat à la vie, les sévices et injures, l'incompatibilité insurmontable. Pour cette dernière cause cependant, le juge qui doit en connaître ne peut que prononcer provisoirement la séparation de corps; et il doit la prononcer à plusieurs reprises, de façon à établir que l'aversion est insurmontable. Ce n'est qu'après ces épreuves de séparation de corps, plusieurs fois répétées, que pour cette cause spéciale les époux peuvent demander le divorce (3).

Les effets du divorce, quant aux biens, sont analogues à ceux insérés dans nos lois en ce sens que la règle générale consiste à priver l'époux coupable

(1) C'est à l'époque du mariage que l'on se place pour apprécier la religion des époux, s'il s'agit de catholiques. Peu importe que par la suite l'un d'eux renie sa religion, le divorce lui sera interdit. C'est dans ce sens que s'est décidé un arrêt de la Cour suprême rapporté dans le *Journal de droit international privé* de 1877 (p. 71).

(2) Le *kerkerstraf* est une peine afflictive et infamante analogue à notre réclusion et à nos travaux forcés. Le minimum était de cinq années.

(3) Cette mesure ressemble assez à notre conversion de séparation de corps en divorce. V. Étude de 1892, *loc. cit.*

de tous les avantages qui lui avaient été consentis par son conjoint, tandis que ce dernier les conserve intégralement. Cependant l'époux innocent, comme l'époux coupable, est exclu des droits de succession légitime.

Les époux divorcés peuvent se remarier entre eux ou avec toute autre personne, excepté celle qui a été complice de l'adultère ou qui est l'auteur de l'attentat puni par la loi (1).

Lorsqu'il s'agit d'époux appartenant à la religion juive, la loi autrichienne édicte à l'endroit de leur divorce certaines dispositions assez bizarres. Le divorce par consentement mutuel entre juifs est admis. Les époux, après l'avoir décidé d'un commun accord, se présentent devant le rabbin et lui font part de l'intention qu'ils ont de rompre leur union. Le rabbin, pour la forme, essaie de les réconcilier; presque jamais il n'y réussit; il leur délivre alors un certificat constatant cette tentative infructueuse de réconciliation. Ce certificat est transmis au tribunal qui autorise le divorce, et le mari le notifie à sa femme par une « lettre de divorce ».

L'art. 134 prescrit que l'envoi et la réception de cette lettre doivent être l'œuvre personnelle du mari; l'entremise d'un mandataire est interdite, sauf le cas

______

(1) V. les art. 118, 119, 1266, du Code civil autrichien.

cependant où l'un des époux est depuis le mariage
devenu catholique; dans ce cas-là ce dernier peut se
faire représenter par un Israélite.

A côté du divorce, nous avons vu que la loi
autrichienne a établi la séparation de corps. Et
comme nous le verrons plus loin pour l'Italie, elle
autorise la séparation volontaire. La marche en est
extrêmement simple : les époux se rendent au tribunal qui tente de les rapprocher, et autorise la
séparation sans pouvoir ordonner aucune autre
mesure provisoire. Il se borne, dit l'art. 106, à
enregistrer la résolution prise par les époux (1).

Nous avons exposé à très grands traits le système
législatif actuellement en vigueur en Autriche. Il
nous faut dire un mot des projets de réforme qui ont
été produits depuis quelques années. Le plus important, et le seul qui nous arrêtera, est le projet de loi
qui avait été adopté par la Chambre des députés dans
sa séance du 10 février 1876. — Dès 1874 le député
Kopp avait présidé une commission chargée d'éla-

---

(1) « Autrefois, dit M. Glasson (*loc. cit.*), avant de former leur
demande à la justice, les parties devaient comparaître à trois
reprises devant leur curé qui essayait de les réconcilier ; et ce
n'était qu'avec un certificat du curé constatant l'accomplissement de ces formalités, que les époux pouvaient se présenter
devant le tribunal ; mais cette disposition de l'art. 104 a été
abrogée par la loi du 31 décembre 1868, en ce sens que ces formalités préliminaires sont devenues purement facultatives.

borer un projet de loi relatif au mariage et à la tenue des registres de l'état-civil.

L'idée qui se dégage nettement de ce projet est une tendance très accentuée vers le mariage civil. Il n'y est en effet plus question de la religion des époux. Le pays, c'est une justice à lui rendre, n'était pas encore mûr pour le mariage civil. Et le projet de loi de M. Kopp souleva des récriminations de tous côtés qui le paralysèrent presque complètement. Il ne statua plus que sur des points de détail. Ainsi porte-t-il la suppression de la prohibition du mariage entre chrétiens et non chrétiens, et règle-t-il quelques dispositions se référant au divorce.

La loi actuelle ne permet le divorce qu'à l'époux qui n'était pas catholique au jour de son mariage. Les décrets du 26 août 1814 et du 17 juillet 1835 disposent que les non-catholiques divorcés ne peuvent se remarier qu'avec des non-catholiques. Et ils ne pourraient épouser des catholiques qu'autant que le conjoint du premier mariage serait décédé. Le projet de loi voulait supprimer cette prohibition de mariage qui existe actuellement entre une catholique et un non-catholique divorcé. Il exigeait aussi que l'on prît en considération à l'avenir la religion des époux à l'époque de l'instance en divorce, pour savoir si l'on devait faire droit à celle-ci, sans se préoccuper de la religion qu'ils professaient, l'un ou l'autre, au jour du mariage.

Si ce projet avait été consacré, l'époux catholique au jour du mariage aurait pu divorcer plus tard en changeant de religion.

Mais ce projet dut subir les plus vives attaques de la part de la chambre haute ; on lui a reproché, et à très juste titre, de battre en brèche les prérogatives de l'Eglise catholique, et de porter atteinte non seulement aux bonnes mœurs, mais au caractère sacré du mariage.

Les partisans acharnés du mariage civil auraient voulu voir dans le projet son organisation complète et radicale. Ils ont trouvé que les réformes proposées étaient insuffisantes, et, coalisés avec le parti opposé, ils en ont demandé et obtenu le rejet (1).

Pour en avoir terminé avec la législation autrichienne, nous nous arrêterons sur ce que l'on appelle « *Les mariages transylvaniens* » (2).

La loi autrichienne est très sévère en matière de prohibition de divorce pour les catholiques. Il leur eût été trop facile d'éluder la prescription de la loi en allant divorcer à l'étranger. Aussi le code pénal

(1) V. Sur toute cette question M. Glasson : *Le Mariage civil et le Divorce.* — Pays Germaniques.

(2) Siebenburgen Ehen. V Fuchs. Législation hongroise.

est-il venu sanctionner les règles de la loi civile en édictant des peines très rigoureuses contre les catholiques qui commettraient l'infraction que nous venons de signaler. Mais la loi pénale n'a pas tardé à subir le sort de toutes les lois, en ce sens qu'elle ne fut pas plutôt créée que l'on avait déjà trouvé le moyen de la tourner. Et voici comment : Les époux catholiques qui veulent divorcer demandent leur séparation de corps aux tribunaux autrichiens. Une fois séparés ils changent de religion pour la forme et se déclarent protestants (et ce, sans qu'il soit exigé le moindre serment). Il ne leur reste plus qu'à se faire naturaliser Hongrois, et à demander le divorce.

Il semble, à première vue, que dans cette condition, la naturalisation Hongroise doive leur être difficilement concédée ; il n'en est rien. Il ne leur est même pas imposé pour l'obtenir de changer de résidence et de quitter l'Autriche. Et c'est à la Hongrie qu'ils demandent de se faire complice de cette petite comédie ; car la loi hongroise permet à l'époux de se divorcer, lorsqu'il n'est plus catholique, à l'époque de la demande de divorce ; et ce, à la différence de la loi autrichienne qui attache sa prohibition à l'égard des catholiques, en appréciant leur religion au jour du mariage, et sans vouloir tenir compte du changement de religion intervenu depuis. A en croire

M. Fuchs (1), il n'y a pas moins de 200 exemples de ces époux métamorphosés, autrefois Autrichiens et catholiques, aujourd'hui Hongrois et protestants, qui se soient produits à Vienne, à Pragues et à Gratz.

(1) Voy. *loc. cit.*

RUSSIE
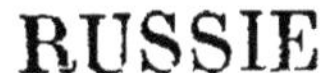

CHAPITRE PREMIER

ANCIENNES COUTUMES SLAVES

Au temps où les peuples slaves étaient encore
païens, le mariage avait déjà ses formes, ses pratiques et ses effets civils.

La forme la plus ancienne dont nous puissions
retrouver une trace à peu près précise est celle de
l'enlèvement (1). Le fiancé, d'accord avec les parents
de la future femme, se présentait chez eux en armes
et simulait un enlèvement de force. Tout le cérémonial du mariage consistait dans cette scène de violence convenue et préparée, et qui devait se passer
devant les parents et les amis réunis pour y assister.

Dans les Karpathes, la forme qui, à cette époque
primitive, était le. plus généralement employée,
était celle de la vente. Le futur époux, un jour de
foire ou de marché, se présentait devant les parents

(1) Nestor, *Chroniques*, I, p. 217.

de sa fiancée, et après s'être entendu avec eux sur le prix qu'il entendait payer sa femme, il concluait le marché et le mariage était fait.

Cette vente simulée était usitée chez un grand nombre de peuples, et nous en retrouverons souvent le souvenir à travers les différents types des législations anciennes.

En Pologne, le père du fiancé allait chercher sa future bru dans la maison de ses parents, et l'amenait à son fils à qui il l'offrait en guise de présent. Le seul obstacle au mariage consistait dans la différence de religion. Plusieurs chroniqueurs rapportent que la disparité de nationalité constituait également un obstacle (1). Nous ne pensons pas, quant à nous, qu'il en ait été ainsi, attendu qu'à l'époque que nous étudions, de fréquentes émigrations se produisaient. Les Slaves, essentiellement nomades, changeaient de contrée, allaient s'établir dans d'autres pays dont ils prenaient la nationalité. Et pendant qu'ils passaient leurs frontières, des étrangers pénétraient chez eux et y fondaient des familles. C'est ainsi que l'on voyait des difficultés se produire sur le point de savoir à quelle nationalité appartiendrait un enfant issu de parents légitimement mariés, mais de nationalités différentes (2).

(1) Macieiowski, *Slavische Rechtsgeschichte*, II, p. 19.
(2) Keryssler, Leips., 1823.

En pratique, les chrétiens se refusaient toujours à
s'unir à des païens. Quant aux Slaves ils se conver-
tissaient très facilement à la religion chrétienne ;
mais les exemples de leur mariage avec des chrétiens
sont demeurés assez rares. Et l'on peut poser en
principe que la différence de religion constituait
l'unique obstacle au mariage.

De nombreux auteurs se sont demandé si les
anciens Slaves admettaient la polygamie. Ewers (1)
l'affirme. Il est cependant probable que ce n'était
point chez eux une pratique universelle. Ainsi,
chez les Russes, un mari ne pouvait avoir plusieurs femmes à la fois, mais il avait la faculté de
répudier chacune d'elles à sa guise et sans motif.

En revanche, d'après la coutume des Wendes, les
épouses avaient la faculté d'abandonner leurs maris
à condition de leur donner 3 schillings. Et ce qu'il
y a de remarquable dans cette pratique usitée dans
la grande subdivision de la race slave, c'est que la
forme de la vente y a persisté fort longtemps; si bien
que nous voyons la femme restituer en quelque
sorte à son mari le prix que celui-ci l'avait payée,
pour reconquérir sa liberté et quitter le domicile
conjugal.

Quand le christianisme apparut sur la scène du
monde, il fit rapidement sentir son influence sur la

(1) *Das altesic Russische Recht,* p. 105.

pratique et les cérémonies du mariage chez les Slaves. Les institutions nationales furent tranchées et modifiées plus rapidement qu'en Allemagne, où le christianisme, nous l'avons vu, n'exerça que très lentement son action à l'endroit du mariage.

Chez les Slaves, les usages sacramentels continuèrent bien de subsister, mais la bénédiction religieuse devint une condition essentielle du mariage, et l'élément ecclésiastique fut l'élément indispensable de la célébration de l'union.

En Hongrie, malgré les efforts des papes, les mariages civils subsistèrent jusqu'à l'époque du roi Coloman au douzième siècle.

Macieiowski (*loc. cit.*, II, p. 197) nous rapporte que d'après le code du tsar Douchân de Serbie (au quatorzième siècle), l'union d'un hérétique et d'une femme serbe orthodoxe était valable à la condition que le mari se fît admettre dans l'église grecque. S'il n'y consentait pas, on le séparait de force de sa femme et de ses enfants, et une partie de ses biens leur était attribuée pour leur entretien.

On voit également au § 72 de ce code du tsar Douchân, que les juges civils étaient compétents pour procéder à la célébration d'un mariage.

Cette faculté constituait pour eux un *droit civil* dont ils étaient déchus s'ils encouraient certaines peines.

En *Serbie*, nous rencontrons la coexistence du mariage civil (*brak*) et du mariage religieux (*wiene-
zanié*). Le mariage civil avait surtout le caractère
de fiançailles solennelles, des anciennes *sponsalia*
romaines, que les peuples germains ont considéré
pendant fort longtemps comme l'un des éléments
du mariage.

C'est le tsar Douchân qui décida que la bénédiction
religieuse précéderait la célébration civile à peine
de nullité de celle-ci (§§ 3 et 4).

En Russie, la bénédiction religieuse fut d'abord
pratiquée par les princes et les grands seigneurs. Il
semblait que le cérémonial religieux fût un luxe
réservé aux grands personnages. Et puis le peuple
paraissait vouloir s'en tenir à ses usages locaux.
L'ingérence des prêtres dans la cérémonie du mariage lui était pénible, non pas à raison des
formes de la bénédiction catholique, mais surtout,
il faut bien le dire, parce que les règles du mariage
catholique venaient leur interdire formellement le
divorce. Nous reviendrons sur ce point en traitant
de la dissolution du mariage.

Les Slaves considéraient la parenté et l'âge comme
les seuls empêchements au mariage. Il fallut les
progrès incessants du christianisme pour bannir
des coutumes nationales le mariage de certains
prêtres catholiques.

En Russie, il était d'usage que le futur époux remît à sa fiancée, ou aux parents de celle-ci, une somme d'argent (*za veno*). Cette véritable dot devait être affectée uniquement à l'entretien de la femme, et elle devenait incessible et insaisissable.

Selon le *Roushaïa Pravda*, qui est le recueil des lois de Yaroslof, la femme gardait après le décès de son mari ce qu'elle avait reçu de lui entre vifs, mais elle n'avait aucun droit sur son héritage au moins en pleine propriété, car elle avait la faculté de rester en possession des biens de son mari tant que l'exigeaient les besoins de son entretien. Ce qui semble bien indiquer qu'elle gardait au moins l'usufruit d'une partie des biens provenant de la succession de son mari (1).

Au quinzième siècle, on considérait encore en Russie comme valables des unions qui n'avaient pas encore reçu la bénédiction religieuse ; mais plus on avance, plus on constate l'influence toujours croissante du droit canonique, en matière de mariage.

Macieiowski, dans ses Etudes historiques sur la législation russe, nous rapporte que dès le règne du tsar Ivân Vassilévitch, la bénédiction religieuse devint la « condition essentielle de tout mariage ré-

______

(1) Lher, *op. cit.* — (Russie.)

gulier et de la légitimité des enfants qui en étaient issus. »

Le second mariage était autorisé par l'Eglise grecque; le troisième également, mais l'enfant issu du quatrième n'avait aucun *droit* aux fiefs possédés par sa famille.

Il fallait à cette époque compter, comme on l'a fait si longtemps en France, avec les droits des seigneurs. Ainsi une femme ne pouvait se marier sans l'autorisation de son seigneur. Si celui-ci mettait opposition, le futur mari devait lui payer un « *droit d'emmener* « (*za vouevod*) qui variait de 10 à 50 roubles. Naturellement cette indemnité devint une véritable redevance, et les seigneurs s'opposaient régulièrement au mariage de leurs serves.

Beaucoup de futurs époux, pour échapper à cette mesure arbitraire de la part de leur seigneur, quittaient le domaine de celui-ci et s'enfuyaient pour aller se marier ailleurs. Un mariage conclu dans ces conditions n'était pas *nul* ni même annulable; mais le mari était obligé, s'il remettait le pied sur le sol du seigneur, de partager la condition servile de son épouse, encore qu'il fût de naissance illustre.

CHAPITRE II

LÉGISLATION RUSSE — VALIDITÉ DU MARIAGE
SA CONSTITUTION — MODES DE CÉLÉBRATION

§ I. — *Personnes appartenant à l'Eglise gréco-russe* (1).

Le principe est que les personnes appartenant à l'Eglise gréco-russe ont toute liberté de se marier entre elles, et ce, sans qu'il soit besoin de distinguer si elles sont toutes deux sujettes russes ou si l'une d'elles est étrangère.

Le Code civil russe (*Grajdanskie" zakony*) qui forme le tome X, première partie, du « *Zvod Zakonov* », promulgué sous l'empereur Nicolas Ier, indique à cet égard des règles très précises et qui ont apporté certaines restrictions dues tant à la nature même

(1) L'Eglise nationale en Russie est désignée dans tous les textes législatifs sous le nom d'Eglise *orthodoxe*. Cette expression n'étant pas usitée en France dans cette acception, nous ne nous en servirons pas.

du mariage, qu'aux règles spéciales de la législation russe.

Ainsi, pour qu'un mariage puisse être conclu, il faut que les futurs époux réunissent d'abord les conditions d'âge (dix-huit ans pour les hommes, seize ans pour les femmes, et moins de quatre-vingts ans pour chacun), et d'autorisations nécessaires. Si les personnes appelées à donner leur consentement au mariage, telles que les père et mère ou le tuteur, refusent de le donner, les intéressés peuvent en référer aux tribunaux, qui, s'ils le jugent à propos, autoriseront le mariage par autorité de justice. — L'individu qui enlèverait une jeune fille avec son consentement pour l'épouser, malgré l'opposition faite par les parents, encourt une peine de quatre à huit mois de prison, et la jeune fille est incarcérée pour le même temps dans un couvent.

A ces conditions il faut ajouter l'absence de toute autre union conjugale, la non-parenté au degré prohibé. — Ce degré est déterminé par des règlements ecclésiastiques (1).

Le mariage est en outre prohibé entre parrain et filleule pour cause *d'affinité spirituelle.*

_____

(1) C'est-à-dire d'après l'oukase du Saint-Synode du 19 janvier 1810, qui s'en réfère tant au chap. XVIII du Lévitique qu'à la 54e règle du 6e concile œcuménique. Ce degré prohibé est celui de cousin germain.

Le droit russe interdit le mariage aux membres du clergé régulier : moines, patriarches, exarques, métropolitains, archevêques, évêques ; tandis que le « clergé blanc », c'est-à-dire les popes, proto-popes, peuvent se marier. Bien plus, un synode local de Moscou avait décidé qu'ils seraient obligés de se marier avant leur consécration. Aujourd'hui ils ne peuvent plus se marier après, mais ils ne sont plus obligés de le faire avant.

Les empêchements que nous avons vus dans les anciennes coutumes slaves, à propos du mariage des serfs, ont aujourd'hui à peu près complètement disparu. Les veuves et les filles des paysans, dépendant du Ministère impérial de la Cour et des apanages, ont depuis 1863 le droit de se marier avec des personnes d'autres conditions sociales, sans avoir aucune redevance à donner à leur seigneur. — Depuis l'année 1864, tous les paysans émancipés du servage ont été mis au bénéfice des droits accordés précédemment à ceux de la Couronne (1).

(1) Lehr : *Droit civil russe (loc. cit.).*

Célébration du mariage.

La célébration du mariage est précédée d'une publication faite par le pope à l'église, trois dimanches de suite, ainsi que les jours de fêtes qui tomberaient pendant ces trois semaines. Dans ce but, chacun des futurs époux doit présenter au pope de sa paroissse ses nom, prénoms, qualités et profession. Il doit donner les mêmes renseignements pour son futur conjoint.

Le pope doit s'assurer que le futur époux, appartenant à sa paroisse, a l'âge légal, qu'il n'est pas parent de sa future épouse à un degré prohibé, que s'il est veuf il a le droit de se remarier, enfin qu'il consent réellement au mariage, et que les personnes dont l'assistance est requise y consentent également.

Les publications se font dans la paroisse de chacun des deux époux.

Pendant les trois semaines qu'elles durent, toute personne qui croit pouvoir invoquer une raison de s'opposer au mariage a le droit et l'obligation d'en faire les notifications écrites au ministre du Culte. Si l'enquête faite par le pope montre qu'il existe soit une opposition, soit un empêchement au mariage, le pope est tenu de surseoir à la célébration et d'en référer à l'évêque du diocèse, lequel doit statuer en dernier ressort ; ou, si l'affaire excède sa propre compétence, la soumet au saint-synode.

Le pope qui procéderait au mariage sans avoir rempli toutes les formalités relatives à la publication, subirait à la première contravention une réprimande, et la seconde l'exposerait à sa destitution (art. 1577 du Code pénal de 1866.)

Le mariage doit toujours être célébré à l'église publiquement, avec échange des anneaux et conformément aux rites de la religion gréco-russe.

Anssitôt après la célébration, le mariage est inscrit sur le registre officiel des mariages de la paroisse.

Cette inscription est surtout faite pour prouver le mariage ; elle constitue en effet le mode normal de preuve de la célébration du mariage. Si cependant l'inscription n'a pas été faite, ou simplement s'il s'élève un doute sur le contenu de l'acte de mariage, on peut suppléer à l'inscription par celle qui figure sur un premier registre appelé registre d'enquêtes, par les certificats de confession délivrés aux époux préalablement au mariage, par les documents civils, quand ils sont reconnus en justice par les époux, et que ceux-ci ont une possession

d'état conforme; enfin par une enquête établissant
que les époux vivent et se comportent publiquement comme mari et femme.

§ II. — *Mariages de personnes appartenant à
d'autres églises chrétiennes, soit entre elles,
soit avec des membres de l'Eglise gréco-russe.*

1° *Chrétiens n'appartenant pas à l'Eglise gréco-
russe.*

Les chrétiens peuvent en Russie se marier sans
l'autorisation de l'autorité civile, pourvu qu'ils se
plient aux exigences de leurs confessions, et qu'ils
ne contreviennent pas à la loi générale de l'Empire
pour ce qui concerne l'âge, les autorisations, etc.

La célébration du mariage s'accomplit d'après
les rites de l'Eglise à laquelle appartiennent les
futurs époux. Ceux-ci peuvent également faire célébrer leur mariage (à défaut de ministre de leur
culte) par un prêtre de l'Eglise gréco-russe; mais ce
prêtre est obligé, dans ce cas, d'employer les formes
que lui prescrit sa propre religion.

Des règles spéciales existent pour certains gouvernements : Vilna, Vitebsk, Volhynie, Grodno,
Kief, Kovno, Mensk, Moghilef et Podolie, dont la

réunion forme l'ancienne Lithuanie et une partie de la Petite-Russie.

Dans ces diverses provinces, lorsqu'aucun des deux époux n'appartient à l'Eglise gréco-russe, sans qu'ils soient cependant de la même religion, le mariage ne peut être célébré que par le prêtre de la religion à laquelle appartient la femme.

En Pologne, c'est une loi du 23 juin 1825 (abrogeant le livre Ier du Code Napoléon, jusqu'alors en vigueur dans le royaume), modifiée elle-même par une loi du 25 juin 1836, qui réglemente spécialement la matière du mariage. Elle n'a fait que consacrer (sauf quelques règles sans intérêt), les principes que nous étudions pour la législation russe.

2° Mariage entre personnes dont l'une appartient à l'Eglise gréco-russe.

Quand l'un des époux appartient à la religion gréco-russe et que l'autre est chrétien, ce dernier doit prendre l'engagement écrit de respecter les convictions religieuses du premier, de ne faire aucune espèce de tentative pour le détourner de sa religion, enfin de faire baptiser tous les enfants qui naîtront de leur union, et de les faire élever dans la religion gréco-russe.

Le prêtre n'a pas le droit de procéder à la célébration du mariage avant que cet engagement ne lui ait été remis ; et aussitôt après que le mariage a été célébré, il classe cet engagement dans ses archives, et en envoie une copie à l'évêque de l'Eparchie.

Si l'engagement ne lui paraît pas sincère ou lui inspire des doutes, le prêtre doit en référer à l'évêque qui statue lui-même ou soumet l'affaire au saint-synode.

Dans les provinces baltiques, les mariages entre gréco-russes et protestants ne sont valables que s'ils sont précédés de publications dans la paroisse protestante à laquelle appartient le futur époux protestant.

3° Mariage des non-chrétiens entre eux ou avec des chrétiens.

Les mariages entre catholiques, gréco-russes ou romains, et les personnes non-chrétiennes sont absolument interdits.

Les protestants ne peuvent s'unir à des païens ; mais ils peuvent épouser des mahométans ou des juifs. Dans ce cas le mariage est célébré obligatoirement selon les rites de l'Eglise évangélique luthérienne de Russie.

Si un époux non-chrétien se convertit au christianisme, son mariage avec une femme restée non-chrétienne, c'est-à-dire non baptisée, ne s'inscrit pas. Mais l'époux doit respecter le principe de la monogamie et renvoyer toutes ses autres femmes s'il en avait plusieurs. — Il n'est pas besoin dans ce cas de recourir à une nouvelle célébration d'un mariage unique reformé sur de nouvelles bases. En conséquence, le mariage n'a pas même besoin pour rester valable d'être béni par l'Eglise; mais l'époux qui devient chrétien a le droit de le rompre.

Si la femme d'un musulman ou d'un non-chrétien, ou l'une de ses femmes, devient chrétienne et reçoit le baptême, son mariage subsiste dans les conditions qui viennent d'être indiquées et auxquelles il y a lieu d'ajouter les suivantes : le mari, s'il reste non chrétien, doit prendre l'engagement de ne porter aucune atteinte à la nouvelle religion de sa femme, de laisser élever dans la religion orthodoxe tous les enfants qui viendraient à naître désormais du mariage, de rester uni avec elle toute sa vie, et surtout avec elle seule.

Si le mari refuse de prendre l'un ou l'autre de ces engagements, ou si la femme n'a pas été réellement mariée, elle est considérée dès le baptême comme affranchie de tout lien matrimonial antérieur et elle a le droit de s'unir à un chrétien.

Si un ou une Israélite marié à une personne de même religion se convertit au christianisme, et si son conjoint ne veut pas répudier sa religion, le mariage peut être maintenu à la condition que le premier prenne l'engagement d'user de toute l'influence qu'il a sur le second pour le décider à se convertir également à la religion catholique orthodoxe, et que ce dernier prenne de son côté l'engagement non seulement de ne porter aucune atteinte à la nouvelle religion de son époux, mais encore de n'employer ni séduction ni violence, ni autre moyen illicite pour décider les enfants qui naîtront de cette union à embrasser la religion juive. Si, à la suite de la conversion, l'un ou l'autre des époux désire faire cesser la vie commune, le mariage est immédiatement rompu, et l'époux chrétien peut contracter une nouvelle union avec une personne également chrétienne. — Mais les époux ne peuvent pas se prévaloir de la conversion l'un de l'autre pour aller s'établir définitivement dans l'un des gouvernements où il est interdit aux juifs de fixer leur résidence (1).

Si l'homme qui se convertit au christianisme avait, en vertu des lois de sa religion, plusieurs femmes, il est dans l'obligation de choisir l'une de ces femmes avec laquelle il vivra exclusivement : si l'une de ces femmes s'est également convertie, c'est celle-là qu'il est forcé de prendre ; et le mariage doit alors être béni selon les rites de l'Église. Si aucune des

______

(1) Article 81 de la loi de Nicolas Ier, précitée.

femmes n'est chrétienne et ne veut le devenir, le mari a le choix entre la vie en commun avec l'une de ses femmes et la séparation de fait. Cette séparation produit les effets du divorce, et le mari a le droit de contracter un nouveau mariage avec une femme chrétienne.

Les Asiatiques qui sont mariés en Russie avec les époux appartenant à l'Église évangélique luthérienne russe, ne peuvent amener avec eux dans leur pays, ni leur femme, ni leurs enfants. Au moment où ils quittent la Russie, ils sont forcés de déclarer par écrit s'ils ont l'intention d'y revenir. S'ils déclarent avoir cette intention, on leur accorde un délai de deux ans, au maximum, pendant lequel ils pourront s'abstenir de reparaître à condition qu'ils prennent l'engagement de pourvoir à l'existence de leur famille pendant ce laps de temps. — Le mariage est dissous de plein droit, s'ils ne reviennent pas durant ce délai.

Les sujets russes non chrétiens peuvent se marier dans toute l'étendue de l'Empire, conformément à leurs lois et coutumes, devant les ministres de leur religion, et sans que ni l'autorité civile, ni l'autorité ecclésiastique gréco-russe ait à intervenir.

Il est cependant prescrit aux musulmans et aux juifs d'observer l'âge légal prescrit par la loi russe.

La Finlande n'a été détachée de la Suède, pour se
réunir à la Russie, qu'en 1809 par le traité de Frede-
rickshamn. Elle a conservé la législation suédoise
en ce qui concerne le droit civil. Le code de 1734 y
est donc en vigueur.

Toutefois le *Zvod Saconov*, de Nicolas Ier, règle par
un texte spécial le mariage en Finlande entre personnes dont l'une appartient à l'Église gréco-ro-
maine, et l'autre à une religion chrétienne différente, catholique ou protestante.

Au lieu d'être célébrés comme les autres mariages
mixtes de la même espèce, uniquement devant le
prêtre de l'Église gréco-russe, ces mariages doivent
être célébrés dans les deux églises. Il est spécifié
que les personnes habitant la Finlande bénéficient
seules de cette disposition, et que les militaires en
garnison dans la grande principauté de Finlande
sont forcés d'observer les règles générales, c'est-à-
dire de faire procéder au mariage par un prêtre de
l'église gréco-russe. — (Art. 67 de la loi de Nicolas Ier.)

CHAPITRE III

DISSOLUTION DU MARIAGE

Dans notre appendice de législation comparée, faisant suite à notre étude sur la conversion de la séparation de corps en divorce en France, nous avions classé la Russie dans la catégorie des législations qui n'admettent que le divorce. Avant d'examiner les règles spéciales à chacune des unions contractées dans les différentes religions russes, disons un mot du mode de dissolution admis par la législation Russe en général.

Le *Zvod*, que nous avons étudié en partie pour la constitution et la célébration du mariage, traitait également des nullités de mariage et du divorce; mais les dispositions qui s'y référaient ont été abrogées par un « *oukase* » du 6 février 1850 dont nous résumerons les principaux documents.

Les causes de divorce sont dans la loi russe beau-

coup plus restreintes que dans les législations germaniques. M. Glasson fait cette réflexion que les
lois qui resserrent le plus le lien du mariage sont
celles des peuples latins. « C'est, dit-il, dans les lois
des peuples germaniques, en mettant l'Angleterre
à part, que ce lien se trouve le plus relâché. Les lois
slaves tiennent le milieu : elles sont à la fois moins
sévères que les premières et plus rigoureuses
que les secondes. Aussi le divorce n'a-t-il jamais
donné lieu à aucun abus en Russie. Les lois slaves
contiennent même des prohibitions du mariage qui
leur sont propres. Il est interdit de se marier à
partir d'un certain âge; les orthodoxes ne peuvent se
marier plus de trois fois; le bigame peut, après
l'annulation de son second mariage, être replacé
dans les liens du premier, si son précédent conjoint
y consent; mais dans aucun cas, même après le
décès du dernier, il ne peut contracter mariage
avec une autre personne.

»D'une manière plus générale, l'époux par la
faute duquel un mariage a été dissous, n'a jamais le
droit d'en contracter un nouveau. »

En principe les causes de divorce existent au nombre de trois. Ce sont :

1° L'adultère de l'un des époux.

2° Une condamnation à une peine emportant pri-
vation de tous droits civils.

3° L'absence volontaire et malicieuse.

Le divorce par consentement mutuel est formellement exclu, et tout aveu de la part de l'un des époux n'est même pas pris en considération, s'il n'existe des circonstances et des preuves certaines permettant d'en constater la sincérité et l'exactitude.

I. — *Personnes de l'Église gréco-russe.*

Le divorce ne peut être prononcé que par un tribunal ecclésiastique et en raison de causes qui sont spécialement déterminées et qui sont : l'adultère, l'absence et la condamnation emportant dégradation civique (1).

Lorsque l'un des époux est condamné à une peine emportant dégradation civique, c'est-à-dire aux travaux forcés (Katorga), à la déportation en Sibérie ou en Transcaucasie (C. Pénal, art. 17), son conjoint peut, à son gré, le suivre ou s'en séparer. Dans ce dernier cas, l'autorité ecclésiastique compétente

(1) La loi russe dit aussi que « *l'impuissance* » permet de demander la dissolution du mariage dans les trois ans de sa célébration ; mais comme cette impuissance doit être antérieure au mariage, elle constitue plutôt une cause de nullité qu'un cas de divorce.

prononce le divorce qui donne la faculté de contracter un nouveau mariage.

Si, au contraire, le conjoint demande le maintien de son union, il est déchu, dans la suite, du droit de demander le divorce, à moins que le condamné ne soit puni d'une nouvelle peine entraînant pour lui la perte de ses droits de famille.

En cas de grâce accordée au condamné, celui-ci est autorisé à retourner dans le lieu de sa résidence et s'il a le bonheur d'y arriver avant que le divorce ne soit consomné, il retrouve avec son foyer le maintien de son mariage comme s'il ne s'était rien passé (C. P. 27).

Enfin, l'absence qui a duré cinq années et qui s'est produite dans certaines conditions (défaut complet et absolu de nouvelles) permet au conjoint de l'absent de demander le divorce.

II. — *Mariage de personnes appartenant à d'autres Églises chrétiennes, soit entre elles soit avec des membres de l'Église gréco-russe.*

1° *Chrétiens n'appartenant pas à l'Église gréco-russe.*

Le mariage se dissout par : 1° la mort de l'un des époux ; 2° l'annulation prononcée par l'autorité ecclésiastique ; 3° l'entrée de l'un des époux dans un ordre monastique et par l'émission des vœux de chasteté (1).

La législation polonaise, en dehors de ces causes, n'admet que la séparation de corps limitée ou illimitée (art. 67), qui ne fait que mettre un terme à la vie commune. Cette séparation peut être demandée pour adultère ou injure grave ; ou bien encore, si l'un des époux a commis un crime ou a obligé son conjoint à en commettre un.

A la différence du divorce, la séparation peut avoir lieu par consentement mutuel pourvu qu'il y ait des raisons pertinentes, et selon l'expression de l'art. 66, qu'elle intervienne en suite d'un jugement de l'autorité compétente.

La législation polonaise admet donc deux sortes de séparations. De l'une, la séparation limitée, elle fait une cause de divorce. Par l'autre, la séparation illimitée, elle se rapproche des législations qui n'admettent que la séparation de corps, notamment de la nôtre, telle qu'elle fut de 1816 à 1884.

Les causes de la séparation illimitée sont à peu près celles de la séparation de corps de la loi française. Il y a donc un reflet très marqué de nos lois dans la législation polonaise. Rien d'étonnant à

______

(1) Cette dernière cause ne s'applique qu'aux mariages non consommés.

cela si l'on veut bien se souvenir que la matière du mariage est restée réglée en Pologne par le code Napoléon jusqu'en 1825. Le 23 juin de cette année, une loi est venue (nous l'avons remarqué plus haut) modifier l'état de chose existant. Et cette loi fut elle-même modifiée par la loi de 1836.

2° Époux dont l'un appartient à l'Église gréco-russe.

Le mariage contracté dans ces conditions ne peut être dissous que par une décision du tribunal diocésain approuvé par le Saint-Synode (art. 73). Les autorités de l'Église catholique ne sont point reçues à statuer, au point de vue des règlements spéciaux de l'Église, sur des demandes de divorce déjà accueillies par l'autorité ecclésiastique gréco-russe compétente.

Le prêtre catholique romain, arméno-grégorien ou arméno-catholique, ou le ministre protestant qui prononcerait un divorce sans la permission de l'autorité supérieure compétente, ou bien même qui accorderait simplement son consentement à une séparation de corps temporaire, serait passible de la destitution ou de l'exclusion de ses fonctions sacerdotales (77, C. P.)

III. — *Du mariage des non-chrétiens entre eux.*

Pour les personnes non chrétiennes se mariant
entre elles, le divorce existe. Le droit de le prononcer appartient aux autorités ecclésiastiques. Il
y a lieu d'ajouter, en ce qui les concerne, une cause
de divorce qui leur est spéciale, c'est la clause
insérée dans leur contrat de mariage « que le mariage sera dissous si l'un des deux quitte la Russie
pour plus de deux ans » (1).

Les articles 92 et suivants du Code civil russe
s'étendent longuement sur le mariage et le divorce
des russes musulmans ou kalmouks ; de même ils
réglementent les unions consacrées, dans les provinces frontières, entre des personnes de cette catégorie et des sujets non chrétiens des États limi-
trophes. Il serait tout à fait en dehors du cadre de
notre étude de nous y arrêter. Nous n'y insisterons
donc pas.

(1) V. Lehr, *Éléments de droit civil russe*, p. 26 et suiv.

ITALIE

CHAPITRE PREMIER

PROMESSE DE MARIAGE — CONSTITUTION
ET CÉLÉBRATION

§ I. — *Promesse de mariage*

Le code civil italien a été promulgué à Florence
le 25 juin 1865, pour devenir exécutoire dans toute
l'Italie le 1ᵉʳ janvier 1866. C'est là que nous puise-
rons les éléments qui nous permettront d'exposer
la théorie du mariage en Italie.

Et d'abord voyons les textes qui nous inté-
ressent :

Art. 53. — « La promesse réciproque de contracter ensemble mariage n'engendre pas d'obligation
légale de le contracter, ni d'accomplir la prestation
qui a été stipulée pour le cas d'inexécution de cette
promesse. »

Art. 54. — « Si cette promesse a été faite dans un

acte public ou sous-seing privé par un majeur, ou par un mineur autorisé des personnes dont le consentement est nécessaire pour la validité du mariage, ou bien si cette promesse résulte de publications faites par l'officier de l'état-civil, le promettant, s'il refuse de l'exécuter sans juste motif, sera tenu d'indemniser l'autre partie de toutes les dépenses motivées par cette promesse de mariage.

«Néanmoins, l'action en indemnité ne sera plus recevable, après une année écoulée, depuis le jour où cette promesse de mariage aurait dû recevoir exécution. »

Ces dispositions ont été vigoureusement critiquées par M. Buniva (1), et à très juste titre. On ne voit pas en effet la nécessité qu'il y avait de venir déclarer qu'une simple promesse de mariage ne pouvait avoir pour résultat d'obliger *légalement* les parties à le contracter. C'est là une solution pour laquelle un texte de loi était bien inutile, car elle ressort de la nature même du mariage.

De même encore, il n'importait guère de légiférer sur ce point aussi indiscutable que si l'inexécution d'une promesse emportait un préjudice quelconque la partie lésée avait droit à une indemnité.

Tout ceci est évident et se comprenait à merveille

______

(1) Pages 55 et 57.

en dehors de l'intervention du législateur qui
semble s'être attardé à vouloir démontrer des
axiomes.

M. Buniva critique également l'art. 54 qui accorde
une indemnité à ceux qui ont entre les mains une
promesse *écrite* et dénie le droit de la demander
aux autres ? Est-ce que de pareilles distinctions devraient figurer dans une matière aussi grave que
celle dont nous nous occupons. Une seule atténua-
tion à toutes ces règles enfantines et irréfléchies, et
qui, par là-même, ont bien l'empreinte du caractère
italien, c'est la sagesse de la disposition qui limite
à une année l'action en indemnité dans les cas où
elle est recevable.

§ II. — *Formation du mariage. — Sa célébration.*

En ce qui concerne le mariage lui-même, il a été
purement et simplement sécularisé. Cette sécularisation a été pour l'Italie une grande innovation.
Nous ne reviendrons pas ici sur une discussion de
principes. Qu'il nous suffise de retenir que si la
liberté religieuse n'a point toute satisfaction, son
exercice est au moins sauvegardé. Et c'est là le
principal *desideratum.*

Le code italien a adopté les principes de notre

code ; mais, déclare M. Vigliani, rapporteur de la
commission du Sénat (1), il a cherché à être plus
libéral que la loi française. Il n'a pas voulu repro-
duire les pénalités édictées par les articles 199 et
200 de notre code civil contre le ministre d'un culte
qui procéderait à la célébration religieuse d'un mariage, sans qu'il lui ait été justifié d'un acte de mariage préalablement reçu par l'officier de l'état-civil.
Si bien qu'en Italie les futurs conjoints pourront, à
leur gré, procéder à la célébration religieuse de
leur mariage quand elles le voudront, soit avant,
soit après l'acte civil.

Il y a là une indépendance du mariage religieux,
vis-à-vis de la formalité du mariage civil, qu'il est
infiniment regrettable de ne pas voir chez nous.

Il semble qu'avec la sécularisation complète du
mariage, le code civil italien devait, comme le code
civil français, n'édicter aucune incapacité spéciale
à l'égard des prêtres catholiques et des personnes
engagées par des vœux perpétuels de chasteté (2).
Il n'en parle du reste nullement aux conditions
exigées pour contracter mariage.

Cette lacune a indigné M. de Stefani Nicolosi qui

(1) Rapport, p. 34. *Sessione parlamentare del* 1863, n° 45 *bis*,
édition officielle.

(2) Sur cette question, voir M. Hucq, *Code civil italien*, p. 49
et suiv.

a réclamé, avec la dernière vigueur, l'insertion d'un
article déclarant incapables de contracter mariage
les prêtres catholiques et les personnes liées par
des vœux perpétuels. M. de Stefani avait une bonne
raison pour cela, c'est qu'il se basait sur ce qu'il
appelait le *statut conditionnel*, qui s'opposait à ce
qu'un ministre catholique pût contracter mariage
au mépris des règles de la *religion d'État*.

« Les lois civiles, disait-il, ne doivent pas, ne
peuvent pas permettre qu'une femme catholique,
qui aurait par erreur épousé un prêtre, ou qu'un
homme catholique qui aurait épousé une femme
liée par un vœu solennel de chasteté et qu'il croyait
libre, soient obligés de vivre, malgré leur conscience, en état de perpétuel sacrilège. »

A notre avis, M. de Stefani raisonne à faux, car il
envisage le cas d'un mariage conclu par erreur ; or,
un tel mariage, célébré dans de pareilles conditions, porte en lui toutes les conditions requises
pour être annulé.

Nous ne voulons pas insister sur cette question
du mariage des prêtres. Elle est trop en dehors
du cadre de cette étude pour que nous nous y arrê-
tions.

Formes de la célébration.

L'histoire des formes du mariage en Italie jusqu'à notre siècle n'est pas et ne peut pas être bien longue. L'Italie est un des pays où le droit canonique, mêlé au droit romain, a exercé l'influence la plus persistante et la plus efficace.

Le mariage religieux y a existé et y fut obligatoire dans tout le cours du moyen âge.

C'est au début du dix-neuvième siècle, et sous l'influence de notre code civil, que la forme du mariage commença à se modifier dans la plupart des législations de l'Italie.

Le code Albertin de 1848 adopte le principe du mariage civil et décide, comme la loi française, qu'il est défendu au ministre du culte de procéder à la célébration du mariage religieux sans la production d'un certificat constatant l'accomplissement des cérémonies du mariage civil.

Il en est de même du code sarde qui fut en vigueur en Sardaigne de 1827 à 1848, époque à laquelle il fut remplacé par le code Albertin. De même encore, pour le code civil de Parme, Plaisance et Guastalla, promulgué en 1820.

Le duché de Modène était régi par un ancien

code civil dont la première édition remontait au duc François IV, et aux termes duquel le mariage canonique était obligatoire.

Une seconde édition de ce code fut mise en vigueur à partir du 1er février 1852. Elle empruntait ses dispositions, partie au code civil français, partie au code Albertin, partie enfin au code civil de Parme. C'est-à-dire qu'en ce qui concerne les formes du mariage, on exigeait que la cérémonie religieuse *non obligatoire* fût précédée de la cérémonie civile *obligatoire*. Sur ce dernier point cependant la législation subit une modification profonde. Un décret du 7 novembre 1855 vint décider que le mariage religieux ne suivrait pas nécessairement le mariage civil et pourrait le précéder. Il n'en reste pas moins vrai que le premier était facultatif, et le second obligatoire.

Il est inutile que nous disions que dans les États de l'Eglise le mariage était resté exclusivement religieux jusqu'au moment où ces Etats s'incorporèrent au royaume d'Italie.

Le code des deux Siciles portait : « La loi limite ses dispositions à l'égard du mariage aux seuls effets civils et et politiques » (art. 150). — «Elle laisse subsister dans leur intégralité (*lascia intati*) les devoirs que la religion impose sans y apporter aucun changement (art. 151). — Le mariage non célébré selon les prescriptions du Concile de Trente ne produit pas ses effets civils, soit à l'égard des conjoints, soit à l'égard des enfants.» (Art. 189).

Malgré ces dispositions, le mariage, s'il devait être conforme à la loi religieuse, devait également obéir à certaines prescriptions de la loi civile, car l'article 189 ajoutait : « ..... Et toutefois le mariage célébré même en face de l'église, auquel manqueront les conditions énumérées dans les articles *68* à *81* du présent code, ne produira pas les effets civils. »

Arrivons au code civil de 1865.

Le mariage doit être célébré dans la maison commune et publiquement devant l'officier de l'état civil de la commune, où l'un des époux a son domicile ou sa résidence (art. 93). Nul ne peut réclamer le titre d'époux, ni les effets civils du mariage, s'il ne présente l'acte de célébration extrait des registres de l'état-civil, excepté dans le cas prévu par l'article 364.

Le mariage civil est donc obligatoire. Le mariage religieux ne l'est pas. Seulement aucune disposition n'enjoint au ministre du culte d'exiger la présentation d'un certificat de l'officier de l'état civil constatant la célébration préalable du mariage civil.

Le mariage dit « *de conscience* » n'est pas inconnu en Italie, quoique la décroissance du sentiment religieux le fasse tomber de plus en plus en désuétude.

Il est évident que ce mariage, n'étant pas prévu
par le Code civil, n'entraîne aucun effet, et que les
enfants qui en sont issus ne peuvent avoir d'autres
droits que ceux des enfants naturels. Il y a là, au
point de vue pratique, un résultat très fâcheux, car
la célébration religieuse, ne supposant pas nécessairement la célébration préalable du mariage devant l'officier de l'état civil, les époux peuvent igno-
rer l'irrégularité de leur union.

C'est sans doute pour cette raison qu'à côté des
décisions judiciaires qui n'hésitent pas à consacrer
la nullité du mariage de conscience (1), on en trouve
d'autres (parmi lesquelles un arrêt de la Cour de
cassation de Naples), qui en admettent au contraire
la validité (2).

D'autres encore (3) veulent que le mariage de ce
genre tienne une sorte de milieu entre le mariage
nul et le mariage valable. Les enfants ne sont pas
purement et simplement des *vulgo quœsiti :* il
répugne au sens moral, et il ne peut être admis
comme loi dans un peuple civilisé, que le mariage

(1) Tribunal Viterbe (10 septembre 1874); *Legge,* tome XIV,
1874, 1ʳᵉ partie, page 996.

(2) Naples (25 juillet 1870); *Legge,* 1870, tome 1ᵉʳ, page 773.
Naples (10 août 1870); *Legge,* 1871, tome Iᵉʳ, page 17.

(3) Cattane (20 octobre 1875); *Circolo Giuridico,* 1875, p. 287.

religieux puisse être aux yeux du législateur civil considéré comme dépourvu d'effets (1). On en conclut que la preuve de la filiation peut être établie indépendamment des modes de preuve indiqués restrictivement par la loi civile (art. 174 et suiv.).

Projet de Code civil italien — Mariage civil.

Le ministre Cairoli présenta le 3 décembre 1878 un projet de loi obligeant les époux à procéder au mariage civil avant l'union religieuse.

Le Ministre Depretis ayant remplacé le ministre Cairoli, le député Pissavini interrogea le garde des sceaux sur le point de savoir s'il entendait maintenir la proposition autrefois présentée par le ministre qui l'avait précédé. Sur la réponse affirmative du garde des sceaux, le projet fut mis à nouveau en discussion. L'urgence fut déclarée le 24 février 1879; le 6 du même mois, les bureaux de la Chambre votèrent une commission entièrement favorable au projet. La proposition discutée du 8 au 13 mai 1879, votée le 19 par 152 voix

____

(1) V. M. Pillons : *Célébration du mariage en Italie*, t. 1ᵉʳ.

contre 101, fut renvoyée au Sénat. — Elle a été
depuis ce temps examinée à différentes reprises.
— Tout récemment encore elle a donné lieu à de
nombreuses discussions faisant prévoir une solution qu'il serait cependant prématuré d'étudier ici.

Cependant, le nouveau projet sur le mariage
civil en Italie a suscité chez S. S. Léon XIII, une
lettre doctrinale adressée aux évêques de la Vé-
nétie, et à l'occasion de laquelle de sages réflexions
ont été faites (1).

Et, en effet, cette lettre du Saint-Père nous
fait faire un retour sur nous-mêmes. Ce régime
du mariage civil, de nouveau condamné par le
Pape, et avec une force et une autorité qui sem-
blent s'inspirer des circonstances nouvelles, ce
régime dont la sollicitude du chef de l'Eglise vou-
drait préserver l'Italie, c'est le nôtre. Tout ce que
le Pape dit du projet de loi italien tendant à établir
l'antériorité de l'acte civil sur le mariage religieux
s'applique à notre législation. Ses censures et ses
réprobations nous frappent.

Ce que Léon XIII réprouve et condamne dans le
nouveau projet de loi italien sur le mariage, c'est
l'obligation, imposée désormais aux sujets catholiques du royaume, de *faire précéder* la célébration

(1) V. articles de M. Loth : *Sur le mariage civil en Italie.*
Février 1893.

du mariage religieux de l'accomplissement du rite civil. Le mariage civil existait déjà en Italie. L'innovation grave pour les catholiques, c'est *l'antériorité* du rite civil sur le mariage religieux exigée par la nouvelle loi.

CHAPITRE II

Les rédacteurs du code civil italien ont repoussé le divorce malgré l'insistance de M. Buniva et Gabba qui s'étaient faits les vigoureux champions de son adoption (1).

Nous ne voulons pas reprendre ici la discussion du divorce; les arguments fort savamment présentés par MM. Buniva et Gabba et tant d'autres ne nous convaincront jamais et nous le repousserons toujours.

Au point de vue catholique d'abord, et puis parce que la nature même du mariage veut qu'il soit indissoluble; et qu'enfin le divorce est incompatible avec l'institution de la famille (2).

(1) Gabba. *Studiidi legislazione comparata*, p. 238, cité par M. Buniva, *loc. cit.*, p. 113.

(2) Il ne s'agit plus de savoir ici s'il est meilleur, dans une législation qui admet le divorce et la séparation de corps, de

L'Italie a donc bien fait de ne laisser de place dans son code que pour la séparation de corps.

Comment l'a-t-elle réglementée?

L'article 150 déclare que la séparation pourra

pouvoir passer de la séparation au divorce par la conversion. Nous avons en effet sur ce point conclu affirmativement dans notre étude sur la séparation de corps (1892), parce que nous n'entendions envisager la *conversion* qu'au point de vue juridique pur, sans nous prononcer sur la question morale et religieuse. A ce dernier point de vue nous concluons énergiquement au rejet du divorce.

Et c'est précisément parce que nous concluons au rejet du divorce lorsqu'il s'agit du véritable mariage, du mariage religieux, que nous l'adoptons en matière civile. (V. thèse de 1892). Et en effet l'officier de l'état-civil ne peut que recevoir et enregistrer officiellement des engagements de la nature de ceux que l'on prend dans tout contrat humain constaté par un homme dépourvu de toute mission supérieure de tout caractère surhumain. Ce qu'il lie il doit pouvoir le délier le jour où les volontés manifesteront devant lui une intention contraire. De qui donc tiendrait-il la mission et le pouvoir de lier *pour toujours* l'existence de deux de ses semblables?

Tandis que le ministre du culte, le prêtre pour nous catholiques, investi d'une mission supérieure et d'un pouvoir qu'il tient de Dieu lui-même, a *seul* le droit de procéder à une semblable union qui, dès qu'elle est prononcée, devient irrévocable.

C'est donc parce que nous n'attribuons au mariage civil qu'une nature essentiellement périssable et fragile que nous lui reconnaissons la faculté de se dissoudre. Et c'est parce que nous attribuons au mariage religieux un caractère sacré et inviolable que nous ne pouvons concevoir sa rupture.

être demandée pour cause d'abandon volontaire, d'adultère du mari non seulement quand il entretient une concubine dans la maison conjugale, mais encore lorsqu'il l'entretient dans un autre lieu « d'une façon notoire ».

L'article 151 admet, comme en France, que la condamnation de l'un des conjoints à une peine criminelle est une cause de séparation pour l'autre (excepté cependant dans le cas où la condamnation est antérieure au mariage et a été connue de l'autre époux.)

L'article 152 permet à la femme de demander la séparation lorsque le mari, sans motif valable, refuse d'adopter une résidence fixe, ou bien, lorsqu'en ayant les moyens, il refuse d'établir sa résidence « d'une manière convenable et d'après sa condition. »

L'article 158 contient une disposition spéciale, par le rapide examen de laquelle nous terminons l'étude de la législation italienne à l'endroit du mariage (1) : « La séparation par consentement mutuel des époux, dit-il, pourra avoir lieu moyennant l'homologation du tribunal. »

La loi française, bien qu'ayant admis à une certaine époque le divorce par consentement mutuel,

____

(1) V. Hucq., *loc. cit.*

n'avait jamais permis la séparation *volontaire*.

« C'est, dit M. Demolombe, que ce mode de séparation de corps ne peut être qu'inutile ou frauduleux; inutile, parce que si les époux sont vraiment d'accord pour trouver l'existence commune insupportable, ils n'ont pas besoin de jugement pour la faire cesser; frauduleuse, parce que la séparation de corps, emportant toujours la séparation de biens, aurait ainsi pu offrir aux époux le trop facile moyen de tromper leurs créanciers (art. 311, 1443. C. Civ. français). Ajoutez enfin que cette faculté, et peut-être même l'espoir de se réunir plus tard que les époux auraient toujours eu, auraient multiplié d'une façon scandaleuse ces sortes de séparations » (1).

Quoi qu'il en soit, le Code civil italien a cru devoir admettre la séparation de corps par consentement mutuel, en y ajoutant ce palliatif insignifiant qu'elle devrait être homologuée par un jugement du tribunal.

(1) *Du mariage*, t. II, p. 499, n° 400.

ESPAGNE

CHAPITRE **PREMIER**

FORMATION DU MARIAGE — CÉLÉBRATION
LOI DE 1870
DÉCRET DE 1875 — CODE CIVIL ESPAGNOL DE 1889

§ 1. — *Ancienne législation. — Loi de 1870.* *Décret de 1875.*

Avant 1870 le mariage canonique était seul reconnu. Par contre, la loi du 18 juin 1870 avait essayé de le remplacer par le mariage civil exclusif. Le Code de 1889 a pris un terme moyen et a admis concurremment le mariage civil et religieux, afin de donner satisfaction aux scrupules religieux et aux exigences du droit civil moderne.

Un décret de 1875 avait décidé que les deux formes, canonique et civile, étaient établies « tant pour ceux qui professent la religion catholique

que pour ceux qui entendent s'en tenir à la seule
forme civile ». Ce décret restaurait donc complètement le mariage canonique puisque les catholiques
qui y recouraient n'avaient nul besoin, pour la validité de leur union, même au point de vue civil, de se
plier aux formalités du mariage civil. Malgré ce
que pouvait présenter d'heureux cet état de la législ-
lation, le Code de 1889 a décidé que désormais le
mariage religieux serait célébré en présence d'un
fonctionnaire civil chargé de l'inscrire immédiatement sur le registre civil.

Le mariage se trouve donc être aujourd'hui en
Espagne à la fois religieux et civil.

L'Espagne est par conséquent un des rares pays
qui possèdent encore aujourd'hui, et malgré une
refonte toute récente, un droit civil emprunté en
grande partie à la jurisprudence canonique.

Le premier code que l'on trouve en Espagne est
le *Fuero Juzgo*. C'est l'œuvre des Wisigoths réfugiés
en Espagne après avoir été chassés par Clovis au
sud de la Gaule. Ce n'est guère qu'une corruption
du code de Riccared, composé mixte des lois romaines et des coutumes barbares qui régissaient les
Wisigoths en Gaule. Le *Fuero Juzgo* a été rédigé par
les évêques espagnols réunis au concile de Tolède.
Quoique quelques laïques eussent été admis à
prendre part aux délibérations, on ne peut s'éton-

ner que l'influence religieuse s'y fasse particulièrement sentir. Le mariage doit, d'après ce code, se
célébrer par l'intermédiaire d'un prêtre.

Il paraît que ce code ne tarda pas à tomber en
désuétude. Dans tous les cas, les prescriptions n'en
furent pas observées partout. Les *fueros* ou coutumes locales qui, encore aujourd'hui, jouent un
rôle très considérable dans la vie juridique de l'Espagne, le supplantèrent. Il se forma peu à peu dans
chaque province un *fuero*, c'est-à-dire un corps de
coutumes qui, augmenté des décisions royales
(*fueros reales*), réglèrent les questions de droit privé.

Le droit wisigoth n'était appliqué que s'il n'était
pas en contradiction avec ce droit coutumier. Aussi
les formes religieuses, qu'il édictait pour le mariage,
furent-elles abrogées à peu près partout. Elles dis-
parurent en effet et le mariage put se former
par le simple consentement. Comme il n'y avait pas
à cette époque d'officier de l'état-civil qui pût y
procéder, aucune cérémonie officielle ne le constatait et les solennités qui l'accompagnaient d'ordinaire en perpétuaient seules le souvenir.

Il devait être très difficile, dans cette situation,
d'arriver à ce que le mariage pût se distinguer du
concubinage, ou plutôt du concubinat que les *fueros*
autorisaient et réglaient, et qui était une sorte d'u-
nion inférieure protégée par la coutume. Ce concu-

binat prenait le nom de *Barragania*. La concubine, sans être traitée de la même manière que la femme légitime, était soumise au régime de la communauté d'acquêts; et dans certaines coutumes provinciales, les enfants nés de cette union inférieure venaient à la succession du mari en concours avec les enfants nés du mariage légitime.

L'Eglise chercha plus d'une fois à reprendre le pouvoir perdu. L'autorité royale y prêta la main et, vers le milieu du treizième siècle, on arriva à promulguer et à rendre obligatoire un nouveau code de lois générales. Ce code, à cause de sa disposition analogue à celle du Digeste, prit le nom de *Code des Sept Parties*. Son but était de faire revivre dans les provinces le droit canonique. Pour en restreindre l'exposé à ce qui concerne notre matière, nous dirons que pour la seconde fois, le mariage religieux était rendu obligatoire, et, qu'à défaut d'une célébration religieuse par l'autorité compétente, l'union était réputée n'être qu'un simple concubinage. En 1564, par l'acceptation des décrets du concile de Trente, le mariage religieux fut encore une fois proclamé nécessaire.

Depuis cette époque jusqu'en 1805, la législation n'a pas été modifiée, mais ce n'est pas à dire que le mariage obligatoirement religieux ait subsisté sans partage. Les coutumes locales abrogées par le code

des Sept Parties, ne tardèrent pas à revivre. Comme
sous le régime du code Wisigoth, certaines provinces
persistèrent dans le mariage civil et ne reconnurent
pas la nécessité du mariage religieux.

Une compilation législative officielle fut procla-
mée en 1805. On a dit avec raison qu'elle constitue
un mélange de principes civils et religieux. Comme
certains titres du code de Justinien, elle émet une
multitude de prescriptions entièrement étrangères
au droit. En somme, voici quelle était à partir de
cette époque la situation de la question :

Le mariage était nécessairement religieux. Tout
mariage contracté en dehors des formes solennelles
et devant un prêtre, était réputé un simple concubinage. On ne faisait exception que pour le mariage
à *Aguras*, sorte de mariage de conscience, de mariage religieux, dépourvu des formes solennelles et
qui consistait simplement dans un échange de consentements et une promesse réciproque de protection et de fidélité faite à l'Église devant le prêtre.

Ce mariage, usité surtout pour régulariser une
union illégitime, ou bien encore pour rendre valable un mariage entre personnes qui avaient des
raisons spéciales pour ne pas donner à leur union
une grande publicité, produisait tous les effets du
mariage canonique dont il n'était qu'une forme atté-
nuée soumise à l'autorisation de l'Eglise.

Mais ce n'est pas à dire qu'en fait le mariage civil fût nul. Les coutumes, nous le répétons, l'avaient institué, et, empiétant sur le pouvoir législatif, l'avaient maintenu malgré toutes les prohibitions. Les tribunaux n'osaient même plus l'annuler; ils en reconnaissaient tous les effets civils et se contentaient d'infliger des peines criminelles aux époux qui n'avaient pas suivi les prescriptions religieuses.

Cette sanction put paraître suffisamment équitable tant que la religion catholique fut seule reconnue en Espagne, mais la constitution républicaine de 1869 modifia ce principe jusqu'alors incontesté et décida pour la première fois que l'exercice d'une religion quelconque serait autorisé tant au profit des nationaux que des étrangers, à la seule condition, pour ceux qui ne suivaient pas la foi catholique, d'observer les règles de la morale.

Dès lors, le mariage religieux comme forme obligatoire était condamné. Il sembla qu'on ne pouvait exiger des personnes qui suivaient une autre religion ni qu'elles se présentassent devant le prêtre catholique, ni qu'elles fissent célébrer leur mariage par un prêtre de leur religion. La première solution eût été immorale, la seconde eût presque toujours été impraticable; et, du reste, le gouvernement espagnol n'avait aucun intérêt à l'édicter.

La loi du 18 juin 1870 s'inspira de cette idée; mais

elle l'exagéra d'une façon outrée, étant donné qu'elle était rendue pour un peuple presque entièrement attaché à la foi catholique. La loi de 1870 établit le mariage civil obligatoire.

Le mariage religieux n'était pas plus interdit qu'il ne l'est en droit français ; mais il ne pouvait que se cumuler avec le mariage civil. Ce dernier était obligatoire ; le premier était facultatif, et le mariage religieux ne pouvait que suivre la célébration du mariage civil. Le décret du 16 août 1870 (art. 1er) décida seulement que pour les mariages antérieurs au 1er septembre 1870, jugés nuls par la jurisprudence ecclésiastique, leurs effets se produiraient et que les procès engagés au sujet de leur validité n'auraient plus de raison d'être.

Le caractère spécial de la loi de 1870 devait amener nécessairement sa disparition. Un décret du 9 février 1875 décida que les mariages contractés en conformité avec les canons produiraient en Espagne les effets civils qui en résultaient aux termes des lois en vigueur antérieurement à celle du 18 juin 1870. Il décida aussi que les mariages religieux célébrés depuis l'entrée en vigueur de ladite loi de 1870, produiraient également ces mêmes effets à partir de leur célébration, sauf les droits acquis à titre onéreux par les tiers.

Cette dernière disposition prouve que tout le

monde ne s'était pas résolu à observer les dispositions de la loi de 1870 et que les mariages religieux
avaient continué à se célébrer en assez grand
nombre.

Voici donc quelle était la législation en vigueur
après le décret de 1875. Le mariage religieux est
obligatoire pour les époux appartenant tous deux à
la religion catholique. Les époux suivant une autre
religion ne peuvent se marier civilement qu'à la
condition de montrer par leur genre de vie qu'ils
n'appartiennent pas à la religion catholique. Encore
une exception est-elle faite pour ceux qui ont reçu
les ordres sacrés et pour ceux qui n'ont pas abjuré
la foi catholique, dans le seul but d'échapper à la
nécessité du mariage religieux. Le mariage civil est
également permis aux futurs dont l'un n'appartient
pas à la religion catholique.

Le mariage, sous quelque forme qu'il soit contracté, est toujours précédé de publications de bans.
Pour les mariages canoniques les publications (*pro-
clamaz amonestations*) consistent dans une annonce
faite au prône par le curé de la paroisse de chacune
des parties contractantes aux jours de fêtes ou dimanches consécutifs, pour faire appel aux personnes qui pourraient avoir des causes d'empêchement à faire valoir. Des dispenses de publications
peuvent être accordées par les évêques, mais le

curé ne peut les accorder lui-même. Il faut une dispense de l'ordinant. La dispense est également exigée pour permettre au curé de marier des personnes étrangères à son diocèse.

La loi de 1870 avait prescrit des publications plus effectives pour les mariages civils qu'elles constituaient et rendaient obligatoires. Les futurs époux devaient faire au juge municipal de leur résidence respective une déclaration rédigée par écrit et portant tous les renseignements dont l'ensemble formait l'exposé de leur état-civil. Le juge municipal affichait cette déclaration dans son prétoire, ainsi que dans un autre endroit public de la paroisse et dans les diverses localités où les deux futurs époux avaient résidé pendant les deux dernières années. Cette triple publication devait être renouvelée; chaque publication devait durer huit jours et contenait invitation à quiconque aurait une opposition à formuler de la présenter par écrit ou verbalement au juge municipal de l'une des localités où avaient été faites les publications. Des règles spéciales s'appliquaient aux étrangers résidant en Espagne depuis moins de deux ans.

Le gouvernement seul pouvait dispenser des publications. Le juge municipal n'avait qualité pour le faire que si l'une des parties était en danger de mort. La dispense était gratuite.

Cinq jours après l'expiration des délais fixés pour l'affichage des bans, chacun des juges municipaux chargés de la publication, délivrait aux parties un certificat de non opposition ou constatant les oppositions faites ; et si ce certificat était négatif, ou si les oppositions avaient été annulées par les tribunaux, on pouvait procéder à la célébration du mariage.

Les solennités du mariage canonique en Espagne se rattachent aux points suivants, qui tous dérivent directement des règles formulées dans le concile de Trente : consentement, témoins, prononciation de la formule unissant les époux.

Le consentement peut être donné d'une manière quelconque ; il est seulement nécessaire qu'il soit exprimé de manière à ne permettre aucun doute sur la volonté des époux.

On en conclut qu'un sourd et un muet peuvent parfaitement exprimer leur consentement. Il est à remarquer que, conformément aux prescriptions du concile de Trente, la présence des époux n'est aucunement nécessaire. Chacun d'eux peut être représenté par un mandataire spécial pourvu que les pouvoirs de ce mandataire n'aient pas été révoqués antérieurement à la célébration.

Les époux doivent être assistés de deux ou trois témoins ; aucune condition de capacité n'est exigée

de la part de ces derniers. Il suffit qu'ils soient en
état de s'assurer de la sincérité de la célébration à
laquelle ils assistent.

Quant à la célébration elle-même ; elle se fait suivant les formes et le cérémonial usités dans l'église
catholique. Le curé qui doit y procéder est celui de
la paroisse de l'un des époux, ou bien un prêtre
quelconque d'une autre paroisse délégué par l'é-
vêque ou par le curé.

Si les deux époux appartiennent à deux paroisses
différentes, l'usage est que le mariage soit célébré
par le curé de la paroisse à laquelle appartient la
femme.

Tout mariage qui a lieu sans l'accomplissement
de ces formes est nul. Il en est ainsi notamment du
mariage célébré par un prêtre non compétent ou
sans l'assistance de témoins.

Le mariage civil est célébré par le juge municipal assisté de deux témoins. A la différence de ce
qui se produit pour le mariage religieux, ces témoins ne peuvent pas être indifféremment choi-
sis parmi les personnes aptes à comprendre ce
qui se passe autour d'elles, il faut qu'ils soient
majeurs.

Le juge municipal compétent pour procéder à la célébration du mariage est celui du domicile de la
résidence soit des deux futurs époux, soit de l'un

d'eux. La résidence nécessaire s'acquiert par deux mois de présence continue sur le territoire municipal; pour les militaires, elle existe dès le début du séjour de leur corps sur ce même territoire. Telles sont les dispositions de la loi de 1870 (art. 28 et 29). Comme le curé, le juge municipal ne peut procéder à la célébration d'un mariage frappé d'une opposition, non levée par un jugement à lui signifié (art. 30). Il doit se faire représenter, avant de procéder à la célébration, les documents constatant l'état civil des intéressés, leur identité, l'accomplissement des publications exigées par la loi ou les dispenses de publication conférées par le gouvernement. Enfin, il doit exiger le consentement des personnes désignées à cet effet par la loi ou la preuve qu'on leur a demandé conseil dans les cas où la loi l'exige (art. 31).

Si le mariage n'est pas célébré dans les six mois de la date des dernières publications ou de la dispense des publications, toutes les formalités préalables à cette célébration sont réputées nulles, et on ne peut se marier qu'en remplissant à nouveau toutes ces formalités (art. 33).

Les époux, comme pour le mariage religieux, ne sont pas tenus de se présenter en personne devant le juge municipal; ils peuvent se faire représenter par un procureur fondé, muni d'un pouvoir spécial désignant les deux personnes à marier, pourvu que la procuration n'ait pas été révoquée par un acte notifié dans la forme authentique (art. 35 et 36). Toute personne résidant dans la circonscription du magistrat qui procède à la célébration doit se présenter en personne. Aucun ordre n'est prescrit entre la célébration religieuse et la solennité civile qui constituent le mariage; les deux cérémonies ont lieu dans l'ordre adopté par les deux époux (art. 34). Nous n'avons plus à dire que dans ce mariage civil, la célébration religieuse n'a rien d'obligatoire.

Le mariage civil doit être célébré dans le prétoire du juge chargé de procéder à la célébration. Néanmoins, le juge a le droit de se transporter en tout autre endroit, si l'une des parties est hors d'état de se rendre dans le prétoire, ou fait valoir tout autre motif jugé sérieux par le juge (art. 37).

La forme de la célébration en elle-même ne diffère guère de celle qui est prescrite par notre code civil.

Le greffier du juge lit aux parties les articles 1 à 6 de la loi de 1870 sur les conditions de capacité et autres, exigées pour pouvoir contracter mariage; le juge municipal demande aux époux s'ils consentent à se prendre réciproquement pour mari et femme; et après une réponse affirmative, il prononce ces paroles sacramentelles:

« Vous demeurerez unis en mariage perpétuel et indissoluble (*quirans unidos en matrimonio perpetuo et indissoluble*) ». Puis le greffier termine la cérémonie en donnant lecture aux nouveaux époux du chapitre 5, section 1re de la loi de 1870, relatif aux effets généraux du mariage quant à la personne et aux biens des époux. Aussitôt après cette lecture, un procès-verbal de la cérémonie est dressé et signé par le juge, les conjoints et les témoins (art. 38 et 39).

La loi de 1870 règle les mariages contractés à l'étranger dans un sens analogue à celui de notre code civil. Les mariages contractés à l'étranger, soit entre Espagnols et étrangers, soit entre Espagnols, produisent en Espagne tous les effets civils d'un mariage légitime, pourvu qu'ils aient été célébrés avec les solennités requises par la loi locale et que les Espagnols aient eu la capacité personnelle exigée par la loi espagnole (art. 40 et 41). Quand les deux époux (ou l'un des deux) ont la nationalité espagnole et veulent la conserver, ils sont tenus de faire inscrire leur mariage dans la quinzaine de la célébration, sur le registre civil de l'agent diplomatique ou consulaire espagnol le plus voisin (art. 42).

Quoique le mariage religieux soit remis en vigueur depuis 1875, la tenue des registres de l'état-civil est restée confiée aux autorités civiles, et cet état de choses entraîne d'assez graves inconvénients.

Les personnes qui veulent obtenir leur inscription sur les registres de l'état civil doivent présenter un certificat du curé constatant que la célébration a eu lieu. Ce certificat doit être présenté dans les huit jours qui suivent la célébration sous peine d'une amende de cinq à cinquante *pesetas* par jour de retard. Les évêques sont priés d'inviter les curés à fournir directement aux officiers de l'état civil, le 1er et le 15 de chaque mois, un état circonstancié et détaillé des mariages auxquels ils ont procédé dans la quinzaine précédente. Cet état doit indiquer: 1° la date de la célébration; 2° le nom et la qualité du prêtre qui y a procédé; 3° les noms, prénoms professions, domicile, lieu de naissance des époux; 4° le livre et la page du registre paroissial où l'acte est inscrit.

Aussitôt l'état reçu, l'officier de l'état-civil transcrit immédiatement chaque acte sur un registre, après avoir constaté qu'il n'existe sur ce registre aucune mention qui s'oppose à l'homologation de l'acte. Les parties peuvent, au moment de l'inscription sur le registre de l'état-civil, exiger qu'on y relate le registre sur lequel est inscrit leur acte de naissance et la date de cette inscription, leur qualité d'enfants légitimes ou illégitimes, la procuration servant à donner pouvoir à une personne étrangère dans le cas où la comparution personnelle des époux n'est pas exigée, le consentement au mariage quand l'un des époux est en état de minorité, les noms des enfants naturels que les parties entendent légitimer par leur mariage, s'il y a lieu; les noms, prénoms et date du décès du conjoint prédécédé.

Quand le registre de l'état mentionne déjà au moment de la production du certificat ecclésiastique certaines déclarations, ou certains faits, qui ne sont pas d'accord avec ceux indiqués sur ledit certificat, et que les justifications présentées, les déclarations faites et les pièces produites, ne suffisent pas pour faire disparaître la contradiction, le juge municipal surseoit à l'inscription et retourne le certificat au curé, en appelant son attention sur cette contradiction.

Cependant, si la difficulté n'est pas de nature à inspirer des doutes sur la validité du mariage, l'officier de l'état-civil peut, sur la demande des parties, faire des inscriptions provisoires, sauf rectification postérieure. (Instruction ministérielle

du 19 février 1875, rendue pour l'exécution du
décret du 9 février 1875.)

Le certificat, une fois inscrit sur le registre de
l'état-civil après la célébration du mariage, fait
preuve officielle de cette célébration.

Tout au contraire s'il n'a pas été inscrit, il demeure soumis à toutes les formalités de vérifica-
tion et de contrôle prescrites par les règlements
ou jugées nécessaires par les tribunaux pour en
établir l'authenticité (décret du 9 février 1875,
art. 4).

Nous avons déjà dit que l'inscription de l'acte de
mariage des Espagnols mariés à l'étranger a donné
lieu à des dispositions spéciales.

. § II. — *Code de* 1889.

Des modifications très importantes ont été appor-
tées aux principes anciens par le code civil espagnol de 1889.

On voit après quelles vicissitudes cette œuvre
législative considérable, projetée depuis plus de
quarante ans, a fini par aboutir.

Le 11 mai 1888, M. Manuel Alonso Martinez, ministre de Grâce et de Justice, soumit aux Cortès et
fit voter par eux en vingt-sept paragraphes fonda-

mentaux le système général du nouveau code civil. Ce code fut promulgué à partir du 9 octobre jusqu'au 8 décembre 1888, dans la *Gaceta uficiale* de Madrid ; et le 24 juillet 1889, le code civil, après avoir été voté en bloc, fut définitivement promulgué.

Avant d'entrer dans le détail des dispositions du code civil relatives aux formes de la célébration du mariage, il est indispensable de faire remarquer que diverses provinces conservent leurs *fueros*, et que le code n'y est en vigueur qu'à titre très subsidiaire. Ainsi en est-il notamment dans la province d'Aragon. Il en est de même encore dans la Navarre et dans les Baléares. Dans la Catalogne, le code civil n'a point pénétré et le droit canonique seul règle le mariage qui continue ainsi d'y revêtir un caractère exclusivement religieux.

La loi votée le 11 mai 1888 contenait déjà une « base III » (1) qui était conçue dans les termes suivants : « Il sera établi dans le code deux formes de mariage : le mariage civil qui se célébrera de la façon déterminée par ledit code, d'accord avec les prescriptions de la constitution de l'Etat : le mariage canonique que devront contracter tous ceux qui professent la religion catholique. Le mariage canonique produira les effets civils complets tant

----

(1) C'est-à-dire une disposition de principe.

en ce qui concerne les personnes qu'en ce qui concerne les biens des époux et de leurs descendants, s'il est célébré conformément aux règles de l'Eglise catholique admises dans le royaume par la loi 13, titre Ier, livre I, de la *Novissima Recopilacion*. A l'acte de célébration assistera le juge municipal ou un autre fonctionnaire de l'Etat, à seule fin de procéder à l'inscription immédiate du mariage sur le registre civil. »

C'est en conformité de cette disposition générale que la célébration du mariage a été réglée. Ainsi, après le mariage exclusivement religieux, après le mariage exclusivement civil, enfin après un retour au mariage exclusivement religieux, nous voyons s'ouvrir une période de conciliation qui n'a probablement rien de définitif, et peut être considérée comme une période de transition.

Le régime des publications, soit pour le mariage canonique (art. 75), soit pour le mariage civil (art. 89 et suivants), n'a pas été modifié. Toutefois les militaires en activité de service sont dispensés des publications hors de la localité où ils résident à condition que leur capacité et leur droit de se marier soient certifiés par le chef du corps auquel ils appartiennent (art. 90).

Les publications sont nulles si le mariage n'est pas célébré dans l'année (art. 96). La loi de 1870 exigeait, sous la même sanction, que la célébration eut lieu dans les six mois.

Les formes du mariage canonique ne sont pas réglées à nouveau. L'article 75 porte que les conditions, la forme et les solennités requises pour la célébration du mariage canonique sont régis « par les dispositions de l'Eglise catholique et du saint concile de Trente, admises comme lois de l'Etat. » Les formes de ce mariage restent donc exactement ce qu'elles étaient autrefois.

Cependant le code civil introduit une grave modification à ces formes ; modification qui peut être considérée comme un acheminement vers la forme civile du mariage. Elle consiste dans l'assistance du juge municipal ou d'un autre fonctionnaire de l'Etat. Ce fonctionnaire ne joue, il est vrai, qu'un rôle purement passif. Il inscrit immédiatement sur le registre de l'Etat civil le mariage, dont l'inscription dépendait jusqu'alors de formalités qui n'étaient pas toujours observées.

L'assistance de ce fonctionnaire n'est pas, du reste, sanctionnée par la nullité du mariage ; mais elle constitue tout au moins un empêchement prohibitif. Les futurs époux doivent, au moins vingt-quatre heures à l'avance, prévenir par écrit le juge municipal du jour, de l'heure et du lieu où le mariage doit être célébré. S'ils ne le font pas, ils sont passibles d'une amende de 50 à 80 *pesetas*. Le juge doit leur donner reçu de cet avis, sous peine d'une amende de 20 à 100 *pesetas*. Le curé ne doit procéder au mariage que sur la présentation de ce reçu, mais il n'encourt aucune pénalité en s'abstenant de le faire. Il n'a pas, dans tous les cas, à s'inquiéter de la présence du juge municipal.

Si le mariage a lieu sans que le juge municipal ou un délégué y ait assisté, le juge municipal est passible d'une amende de 20 à 100 *pesetas*; en outre, la transcription de l'acte de mariage religieux sur les registres de l'état civil doit dans ce cas avoir lieu à ses frais.

Si le défaut d'assistance du juge municipal ou de son délégué est dû aux futurs époux ou à l'un d'eux, parce qu'ils n'ont pas donné au juge municipal l'avis du mariage, ils encourent la peine indiquée plus haut; mais ils peuvent requérir l'inscription de l'acte de mariage sur le registre civil. Ceux qui contractent un mariage canonique lorsqu'ils sont en danger de mort, peuvent prévenir l'officier de l'état civil à toute époque et d'une manière quelconque. S'ils ne le préviennent pas, ils n'encourent aucune peine (art. 7).

Les parties sont obligées, séance tenante, de fournir au juge municipal ou à son délégué toutes les dates qui lui sont nécessaires pour l'inscription de l'acte sur le registre de l'état civil ; mais elles n'ont pas à lui fournir d'indications relativement aux publications, aux empêchements et aux dispenses, l'acte ne devant pas relater ces différentes circonstances (art. 329).

Comme autrefois, les époux peuvent se faire représenter par un mandataire muni d'un pouvoir civil, quand le mariage est civil (art. 87). On étendra probablement cette disposition au mariage religieux, car il n'existe aucun motif pour la restreindre.

La nécessité d'inscrire immédiatement l'acte de mariage sur le registre de l'état-civil a fait modifier dans la plupart des circonstances le point de départ des effets du mariage canonique. En principe, ce n'est pas à partir de la célébration, mais seulement à partir de l'*inscription*, que le mariage produit ses effets, c'est-à-dire est considéré comme célébré. Puisque, dans la pratique, cette inscription a lieu aussitôt après la célébration et en présence des époux, l'innovation n'a qu'une valeur théorique. Les principes anciens ne sont maintenus que si le juge municipal, dûment prévenu, n'a pas assisté, par lui ou son délégué, à la célébration du mariage. Dans ce cas, le mariage produit des effets civils dès l'instant de sa célébration (77). Enfin, si le défaut d'assistance de l'officier municipal et de son délégué tient aux époux qui ne l'ont pas prévenu, ou ne l'ont pas fait en temps utile, le code fait une distinction :

Si les époux sont en faute, c'est-à-dire si le mariage n'étant pas contracté *in articulo mortis*, ils se trouvaient dans l'obligation de prévenir l'officier municipal un certain temps avant la célébration de leur union, le mariage ne produit ses effets civils qu'à partir du moment où l'inscription, postérieurement requise par les époux, a été faite (art. 77). Si, au contraire, le mariage a été fait *in articulo mortis*, l'inscription, encore nécessaire, ne donne au mariage ses effets civils qui si elle est opérée dans les dix jours qui suivent la célébration du mariage (art. 78).

Le mariage secret ou *mariage de conscience* existe encore dans le code de 1889 ; l'art 79 qui s'en occupe paraît vouloir lui attribuer des effets différents de ceux du mariage canonique, en donnant pour point de départ à ces effets la date de l'inscription du mariage sur le registre de l'état-civil. Il est cependant à remarquer que le mariage canonique ne produit lui-même ses effets dans les nouvelles dispositions du code qu'à partir de la même époque. La différence n'est donc que de fait : l'inscription du mariage canonique aura lieu en effet la plupart du temps immédiatement après la cérémonie ; tandis qu'il est matériellement impossible que l'inscription du mariage de conscience ait lieu dans les mêmes circonstances.

Il existe un moyen de se dispenser de l'obligation immédiate de faire inscrire le mariage de conscience et d'en faire dater les effets du jour même de la célébration clandestine. Les deux parties, d'un commun accord, peuvent dans ce but solliciter de l'évêque dans le ressort duquel a été célébré le mariage, un extrait de l'acte consigné sur le registre secret de l'évêché ; cet extrait est remis par elles à la Direction générale du registre civil à laquelle elles demandent la transcription. La Direction générale du registre civil est tenue d'avoir pour ces sortes de mariages un registre spécial et secret, tenu avec les précautions nécessaires, pour que le contenu n'en soit pas divulgué, tant que les intéressés n'en demandent pas la publication, en faisant transcrire l'acte sur le registre de l'état-civil de leur domicile (art. 79).

Le mariage civil n'existe que pour les personnes n'appartenant pas à la religion catholique ou dont l'une n'appartient pas à cette religion. Les formalités prescrites par le code pour le mariage civil se résument en quelques mots :

Les futurs époux se présentent soit en personne, soit par l'intermédiaire d'un mandataire spécial devant le juge municipal ; (nous rappelons qu'un seul des époux peut être remplacé par un mandataire).

Les époux sont assistés de deux témoins majeurs
et capables. Le magistrat leur donne lecture des
articles 56 et 75 du code civil (édictant les obligations de vie en commun, d'assistance, de protection
et de fidélité), leur demande individuellement s'ils
veulent se prendre réciproquement pour époux et,
après une réponse affirmative, les déclare légitimement unis. Il dresse ensuite un procès-verbal de la
célébration et y constate que toutes les formalités
exigées par la loi ont été remplies. L'acte est signé
par le juge municipal, les époux, les témoins et le
greffier (art. 100).

Les consuls et vice-consuls exercent les fonctions
de juges municipaux pour les mariages contractés
entre Espagnols à l'étranger. Le nouveau Code espagnol admet à l'exemple de notre code civil une
forme spéciale du mariage. Toutefois les limites
dans lesquelles ce mariage est circonscrit sont plus
restreintes que celles de la législation française, et
les effets en sont différents.

Il y a là en effet une dérogation à la solennité du
mariage canonique; aussi ce mariage n'est-il autorisé que dans certaines hypothèses où il est matériellement impossible de procéder à une cérémonie
religieuse.

L'art. 94 dispose que les agents comptables (*conta-
dores*) des navires de guerre et les capitaines des

navires marchands, peuvent célébrer les mariages des personnes se trouvant à bord, lorsqu'il y a danger de mort imminent. De même l'art. 95 permet aux chefs de corps militaires en campagne de procéder au mariage des individus faisant partie de leur corps s'ils sont en danger de mort. Dans les deux cas le mariage ne produit ses effets que conditionnellement, c'est-à-dire qu'il est nul si les époux ne font pas célébrer une seconde fois leur mariage dans les formes ordinaires dès qu'ils se trouvent en situation de le faire.

CHAPITRE II

Il faut distinguer les règles du droit canonique, qui sont actuellement en vigueur, et les règles du droit civil proprement dit. Car nous venons de le voir, l'Espagne admet le mariage religieux et le mariage civil seul.

Le divorce, tel que nous l'entendons dans notre acception française, n'est pas une cause de dissolution du mariage. Le mot « *divorcio* » ne doit s'entendre, dans les textes espagnols, que de la séparation de corps.

En Espagne, en effet, le mariage est réputé indissoluble conformément à la Doctrine Catholique. Et cependant le divorce y est admis, mais avec des distinctions essentielles. Il y a en effet trois

sortes de divorce, ayant des effets plus ou moins
étendus, et se rapprochant soit du divorce proprement dit, soit de la séparation (1).

Le code espagnol ne s'occupe guère du *divorcio* ou
annulation du mariage canonique. Et, en effet, cette
annulation est exclusivement de la compétence des
autorités ecclésiastiques, qui ont été seules juges de
sa constitution et uniques ministres de sa célébration.

L'article 80 dit que « la connaissance des procès
en divorcio ou en nullité d'un mariage canonique
appartient exclusivement aux tribunaux ecclésiastiques. »

Le jugement définitif, qui prononce l'annulation
d'un mariage canonique, doit être inscrit sur le registre civil et présenté au tribunal de droit commun
afin d'en solliciter l'exécution relative aux effets
civils.

Ainsi les juges civils auront à déterminer, d'après
le code de procédure civile (art. 1278), l'endroit où
la femme devra se retirer, les avantages matrimoniaux qu'elle doit conserver, le quantum de sa pension, la garde de ses enfants, etc.

Cette annulation du mariage canonique comporte,
nous l'avons dit, trois sortes de modes de cessation
de la vie commune.

(1) Lehr : *Droit civil espagnol.*

1° *Divorcio en cuanto al vinculo,* qui est le divorce, quant au lien du mariage. Il s'obtient différemment selon que le mariage a été ou non consommé.

Il permet un second mariage après l'annulation de l'union. Mais les causes en sont très rigoureusement restreintes. (Décret. Grég. IX. *De Convers. conjug.* ch. 2 et 7.)

2° *Divorcio en cuanto a la cohabitacion.* C'est la séparation des époux en vertu de laquelle ils ne sont plus soumis à l'obligation des devoirs conjugaux. Cette séparation a été autorisée par le Concile de Trente, pourvu qu'il y ait juste cause (1).

3° *Divorcio en cuanto al talamo.* Séparation quant à la communauté d'existence.

C'est une véritable séparation de *fait.* En droit, les époux restent unis pour tous leurs intérêts communs.

Quant à la loi civile régissant les mariages exclusivement civils, elle repousse le divorce en tant qu'il rompt l'union. Elle ne fait qu'en donner le nom à la séparation de corps, qui n'a d'autre effet que de suspendre la vie commune des deux époux.

Les causes de la séparation sont :

1° L'adultère de la femme.

2° Celui du mari pourvu qu'il en résulte un scandale public pour l'épouse.

(1) Session XXIV. *De Sacram Matr.*, Can. 8.

3° Injures graves.

4° Violences.

5° Proposition du mari de prostituer sa femme.

6° Tentatives du mari de corrompre ses filles.

7° Condamnation à la chaîne (*cadena*).

Notons enfin que la séparation ne peut être intentée que par l'époux innocent.

PORTUGAL

PORTUGAL

§ I

Le code civil portugais a été promulgué en 1868.
Comme l'Espagne, il reconnaît deux sortes de
mariage : le mariage religieux auquel président les
formalités et les conditions requises par l'Eglise
catholique, et le mariage civil conclu devant l'officier de l'état-civil et soumis aux conditions indiquées par l'article 1057.

Dans la législation antérieure à 1868, on était
resté pénétré de cette idée que le mariage est un de
ces contrats essentiellement religieux, dont la réa-
lisation doit être distraite des combinaisons légis-
latives.

Lors de la rédaction du code de 1868, les libéraux publicistes et jurisconsultes demandaient que

l'on donnât satisfaction aux partisans du mariage civil. — (Ils étaient, empressons-nous de le constater, en très petit nombre).

Le projet qui sortit du sein de la commission portait que tous les Portugais, catholiques ou autres, devraient d'abord se marier civilement, sauf à recourir ensuite à la célébration religieuse, selon les formes et aux conditions de leur culte. C'était exactement notre législation.

Le parti catholique ne se déclara pas satisfait; et en somme il eût raison. Car on ne conçoit pas bien la mesure législative qui oblige deux époux à se marier et civilement et religieusement, alors qu'ils ne considèrent comme véritable union que l'union religieuse.

Que l'ordre public soit intéressé à connaître les mariages, que l'état-civil qui se trouve modifié soit par conséquent obligé de le savoir, et qu'il soit urgent de l'en informer par une déclaration officielle, rien de plus juste. C'est d'ailleurs ce qui se passe chez nous pour les décès et les naissances. On déclare, on affirme le fait par témoins devant l'officier de l'état-civil. C'est là une formalité, nous dirons même une mesure d'ordre civil, qui s'explique fort bien. Mais que cette formalité soit érigée en condition essentielle du mariage, qu'elle en soit la base ; bien plus, qu'elle constitue le mariage tout entier, ceci devient une conception spéciale du mariage, une manière de l'envisager qui ne doit et ne peut-être appliquée qu'à ceux qui ne s'en sont point suffisamment fait l'idée sainte qu'il mérite, ou qui ne professent aucune religion. En conséquence ne serait-il pas plus logique et plus raisonnable, de n'obliger à se conformer au mariage civil que ceux qui le désirent et de laisser aux autres la liberté de se marier selon leur conscience, leur idées et leurs principes, devant tel ministre qu'ils reconnaissent comme ayant la compétence, je dirai plus, la mission divine de procéder à la célébration de leur union.

La loi eut pu leur donner cette satisfaction, tout en conservant les règles civiles, au point de vue de l'intérêt de la société. Nous avons vu en effet, un peu plus haut, dans la législation espagnole, qu'aussitôt après la célébration religieuse, l'officier de l'état-civil enregistrait officiellement le mariage et en rédigeait l'acte civil que signaient les témoins. L'ordre public en a-t-il souffert aucunement? Et toutes les conséquences civiles du mariage sont sauvegardées de la même façon que si l'officier de de l'état-civil avait procédé lui-même à la célébration du mariage.

Si au contraire les parties croient devoir se passer du ministre du culte, elles se contentent du mariage civil.

Ce sont ces idées qui ont été mises en avant par les catholiques portugais en 1868. Et elles ont prévalu. Pour eux le mariage est un acte religieux, un sacrement *produisant des effets civils*. Ils doivent célébrer le mariage selon les formes établies par l'église catholique.

Pour les non catholiques, le mariage descend jusqu'au niveau d'un simple contrat civil, entre deux personnes de sexes différent, ayant pour but de constituer légitimement la famille. Ils doivent alors célébrer leur mariage devant l'officier de l'état-civil, selon les conditions et les formes établies par la loi civile.

§ II

Le divorce n'existait point dans la législation portugaise avant 1868. Et cette loi ne l'a pas établi. Il y eut eu là en effet une véritable contradiction avec les mœurs du pays. La séparation de corps est seule admise. Les causes en sont :

Condamnation de l'un des époux à une peine perpétuelle, adultère, excès, sévices, injures graves. L'adultère du mari n'autorise la femme à demander sa séparation qu'autant qu'il a été accompagné d'un scandale public ou d'un abandon complet de la

ffemme; ou encore, si la concubine a été entre-
tenue dans la maison conjugale.

Les demandes en nullité de mariage des catholiques sont portées devant les tribunaux ecclésiastiques qui les jugent selon les règles de l'Eglise reconnue par le royaume. Mais les mesures d'instruction sont prises, et l'exécution des sentences
est assurée par les tribunaux civils (1).

(1) M. Glasson : *Le Mariage civil et le Divorce en Portugal.*

ANGLETERRE

CHAPITRE PREMIER

§ I. — *Angleterre*.

C'est tout récemment que la législation anglaise a été codifiée, tant en ce qui concerne le mariage en lui-même et ses effets quant aux personnes, qu'en ce qui concerne la situation des biens de la femme. Jusqu'à une époque très proche de nous, les lois étaient nombreuses et incohérentes, les coutumes l'étaient encore davantage, et les légistes n'étaient pas embarrassés pour présenter, à l'appui de leur opinion, une décision quelconque législative ou judiciaire.

Au début, il paraît avoir été admis en Angleterre qu'aucune célébration du mariage n'était nécessaire, et que le simple consentement des époux suffisait

pourvu qu'il eût lieu en présence de témoins.
Les registres de l'état-civil n'existaient pas pour
constater les mariages. Aucun officier public, aucun
ministre du culte n'était chargé d'y procéder.
L'usage était bien, pour les personnes ayant quelque
religion, de s'adresser à un prêtre ; un cérémonial
spécial était même pratiqué pour ce cas et les fiancés recevaient aux portes de l'Eglise, où ils s'age-
nouillaient, la bénédiction du prêtre ; mais ce n'é-
tait qu'une coutume pieuse sans aucun caractère
obligatoire. Toute convention faite *per verba de
præsenti*, c'est-à-dire avec l'intention de s'enga-
ger immédiatement, formait le mariage. Il y a
mieux : les fiançailles ou promesses de mariage *per
verba de futuro*, permettaient à la personne qui
avait reçu la promesse de contraindre par la force
armée celle qui l'avait faite à se présenter devant
les juridictions ecclésiastiques pour que l'union fût
célébrée *in facie ecclesiæ*.

Cette situation ne put manquer d'engendrer des
abus. Chacun en était arrivé à se marier comme il
'entendait et sans remplir aucune formalité. On
vit même, dans des prisons pour dettes, des détenus
pris d'ennui se faire marier par des ministres qui
partageaient leur captivité. Des prospectus étaient
distribués dans les rues, et indiquaient avec des
détails fort circonstanciés le lieu où mariait tel ou

tel révérend dont on énumérait les titres à la confiance publique (1).

En 1773 un act rendu sous Georges II, et présenté par le chancelier lord Hardwick (2), mit fin aux abus en décidant qu'à l'avenir seraient nuls tous mariages qui ne seraient pas célébrés publiquement et devant l'Église anglicane. C'est alors qu'on vit fleurir l'ère des mariages de *Gretna-Green* dont nous dirons bientôt un mot.

Pour remédier à cet état de choses, un act de 1858, réclamé depuis bien longtemps, décida que les mariages contractés en Ecosse, ne seraient valables qu'à la condition que l'un des contractants y fût domicilié depuis vingt-et-un jours au moins.

Un act de 1820, rendu sous Georges IV, a ajouté le mariage civil au mariage religieux, afin de ne pas obliger les personnes d'une religion autre que la religion anglicane, à recourir à l'intervention d'un culte qui n'était pas le leur. (Jusqu'alors les juifs et les *quakers*, seuls, jouissaient du droit de se marier devant les prêtres de leur religion.) Mais le mariage civil subsiste concurremment avec le mariage religieux ; il appartient aux parties de choisir l'un ou l'autre. Tous deux ont les mêmes effets.

(1) Georges Vibert : *Le mariage et le divorce en Angleterre* (discours de rentrée). Douai 1882.

(2) Art. 26. Georges II, chap. XXXIII.

Le mariage civil est célébré par le *superintendant registrar*, ou secrétaire du district, dans lequel l'un des contractants réside depuis sept jours au moins. On adresse à ce fonctionnaire une demande lui déclarant l'intention qu'ont les deux futurs époux de contracter mariage, et le priant d'insérer cette déclaration sur le registre des mariages.

Les mariages célébrés par le *registrar* ne le sont pas nécessairement dans son bureau. Les parties ont le droit d'exiger qu'ils soient contractés dans un édifice particulier (*enregistred*) situé dans le district.

Dans le premier cas il y a un mariage civil constitué par la déclaration des conjoints en présence du *registrar superintendant*; dans le second cas, le mariage est célébré en présence d'un substitut du *registrar* ou *registrar subordinate*. Deux témoins y sont également nécessaires et la déclaration expresse des époux est exigée comme dans le premier cas. Les édifices « *enregistred* » où l'on peut demander à célébrer le mariage doivent être des lieux où se pratique le culte; l'enregistrement de ces édifices est fait sur la demande du propriétaire ou administrateur et de *vingt house-holders* déclarant que ce lieu leur sert pour le culte public depuis un an.

La déclaration faite au *registrar* est, non seulement inscrite, mais aussi affichée pendant trois se-

maines consécutives dans le bureau du *superintendant registrar*.

Quant au mariage religieux, il est précédé de
bans publiés trois dimanches consécutifs dans la
paroisse du domicile des époux ou dans toute
paroisse habitée par eux pendant sept jours au
moins avant la première publication.

Ces formalités sont simples, et l'on a trouvé moyen
de les simplifier encore. Une *licence* peut être
obtenue soit de l'autorité ecclésiastique, soit du
superintendant registrar. Dans ce cas une résidence
de quinze jours au moment du mariage est seule
exigée, et le certificat peut être délivré deux jours
après la demande. Le mariage est alors immédiat.
La dispense est obtenue à la seule condition d'en
payer le prix. On peut même aller plus loin, et
obtenir de faire célébrer son mariage dans une
paroisse différente de celle où les bans sont publiés,
et sans être astreint à aucune condition de résidence, fût-ce d'un seul jour. Il suffit pour cela
d'obtenir une autorisation spéciale de l'archevêque
de Cantorbéry.

La sanction des prescriptions de la loi est la
nullité. Le mariage est donc nul : s'il a été contracté
sans publication préalable des bans ou sans dispense de bans ; si la cérémonie a eu lieu dans une
église ou dans un district autres que ceux où les

bans ont été publiés; s'il a été célébré clandes-
tinement ou par une personne qui n'avait pas
qualité; ou enfin s'il a été célébré en dehors du
temps légal.

Quant au rituel observé par le pasteur de l'Église
anglicane, le voici : On observe dans la cérémonie
la liturgie du *Book of common Prayer* (livre de prière
commune). Le mariage est célébré dans l'église
paroissiale ou dans une chapelle en cas d'autorisation spéciale; il est célébré aux heures fixées pour
les cérémonies de ce genre, c'est-à-dire de huit
heures à midi. La célébration dans une maison
particulière n'annule pas le mariage, mais elle est
punie des peines de la *felony* (Act 26 Georges II
cap. 33, act 4 Georges IV cap. 76 § 21). Cependant
l'archevêque de Cantorbéry accorde des dispenses
permettant de célébrer le mariage dans des lieux
quelconques ou à des heures non officielles.

Le mariage, une fois célébré, est inscrit sur un
registre qui tient lieu de registre de l'état civil. Les
registres de l'état civil existent en Angleterre depuis
1538. Ils furent d'abord tenus par les paroisses;
aujourd'hui ils le sont par les *superintendants
registrars*. Le mariage passé devant le prêtre ne
peut donc pas y être inscrit. Au temps où le mariage
religieux était obligatoire, le prêtre inscrivait le
mariage sur un registre, après la bénédiction

nuptiale. Aujourd'hui, il est tenu dans les paroisses un registre des mariages en double exemplaire, dont l'un reste dans les archives de la paroisse et dont l'autre est envoyé, une fois terminé, au *superinten-dant registrar* du district. C'est sur ce livre qu'on inscrit les mariages immédiatement après leur célébration.

La publication des bans est, en Angleterre comme ailleurs, une des conditions essentielles à la célé-bration du mariage. Seulement, à la différence de ce qui se produit en France, le *common law* paraît avoir une tendance à considérer en principe cette publication comme indispensable à la célébration du mariage. Nous citerons à ce propos un procès sérieux jugé par la Cour des Preuves (*probate court*) le 21 juillet 1882 (1). Ce tribunal, tout en affirmant ce principe, et en ajoutant que l'irrégularité des bans est elle-même une cause de nullité (par exemple de faux prénoms donnés par erreur à l'un des époux), s'est refusé à annuler le mariage à cause de la complicité de l'époux dont les prénoms avaient été mal indiqués, et du scandale inutile qui serait résulté de l'annulation.

Une loi spéciale, la *Registration of births, deaths and marriages* (act du 23 mai 1879), règle le ma-

____

(1) *Long-Law Times Reports*, t. LXVIII, p. 25.

riage des militaires anglais à l'étranger, en même temps que les autres actes de l'état-civil les concernant. La reine peut, en vertu de cette loi, ordonner la tenue à l'armée de registres destinés à contenir les actes de l'état civil. Ces actes sont rédigés par certains officiers ; puis les registres sont transmis au *registrar general* d'Angleterre, d'Écosse et d'Irlande.

On avait soutenu que les officiers pouvaient contracter mariage sur les bâtiments de la marine royale. Une loi de la même année 1879 a validé ces mariages pour le passé, mais les a prohibés pour l'avenir.

Malgré le caractère consensuel du mariage en Angleterre, il a toujours été d'usage que les futurs époux se rendîssent ensemble à l'église et fissent célébrer leur mariage par un prêtre, sur les marches de l'autel. Le prêtre n'était alors qu'un hôte (*guest*), puisqu'il ne faisait qu'assister aux engagements solennels du mariage.

On nous donne une preuve de ces anciennes coutumes (1) dans une peinture ancienne qui reproduit un mariage où figurent le fiancé, la fiancée et leurs parents ou amis, mais où l'on ne voit aucun prêtre. Un traité de *religion et de morale* publié en 1543,

(1) Harton. *Du mariage aux États-Unis. Journal de Dr. Int. Privé*, 1879, p. 231.

sous le nom de *Christian state of matrimony* (état chrétien du mariage), contient le passage suivant : « Je dois avertir toute personne raisonnable et « honnête de se garder en contractant mariage de « rien dissimuler ou de faire mensonge. Tout homme « doit considérer la personne envers laquelle il a « contracté cet engagement comme sa propre épouse, « quoiqu'il ne l'ait pas fait à l'église ou en public. « Après que l'engagement a été pris, que le contract « a été conclu, il ne faut pas trop longtemps tarder à « aller à l'église et à célébrer le mariage. »

Les statuts 2 et 3 d'Edouard VI (chap. xxxiii) s'occupaient de la question de savoir si le mariage, contracté en vertu d'engagements privés, est obligatoire et si l'on peut contraindre un époux récalcitrant à se rendre à l'église pour la célébration religieuse. Ces statuts montrent très clairement que la simple convention suffit à parfaire le mariage. « Lorsque, disent-ils, une cause ou un contrat de mariage est allégué, il est permis au juge ecclésiastique d'entendre et d'examiner l'affaire, et dans le cas où ce contrat est suffisamment et légitimement prouvé, de donner un jugement de mariage (*sentence for matrimony*) lequel ordonne de procéder à la célébration, enjoint la cohabitation et la consommation, et déclare que les époux seront traités comme au temps passé sous le statut 32 de Henri VIII. » Rien de plus net, on le voit. D'après ces statuts, le mariage religieux n'est qu'une coutume ; le mariage par le simple consentement est pleinement valable. Aucun lieu n'est spécialement désigné pour la célébration du mariage. Cette célébration peut avoir lieu en quelque endroit que ce soit, par un ministre quelconque du culte. Il n'est même pas nécessaire qu'il soit célébré dans un temps déterminé après les publications.

Il est facile d'expliquer pourquoi le mariage civil obligatoire n'a pas encore pénétré en Angleterrè. Les conflits religieux, qui, dans la plupart des autres pays, divisent la population, n'ont jamais existé dans le Royaume-Uni ; l'Etat ne se préoccupe pas davantage de rendre, dans son propre intérêt le mariage civil obligatoire ; la possibilité de recourir au mariage civil est une garantie suffisante pour les personnes qui répugneraient à une célébration religieuse. Le maintien simultané des deux mariages a donc beaucoup d'avantages et n'a nul inconvénient. C'est ce que disaient du reste les commissaires de l'enquête ordonnée en 1867 : « Sur le continent, partout où l'on observe les prescriptions du Code civil français, une séparation complète est effectuée pour le mariage entre le contrat civil et le contrat religieux. On exige, dans toutes les hypothèses, que le contrat soit passé devant un officier appartenant à l'ordre civil. Nous ne sommes pas d'avis que ce système soit introduit en Angleterre. Nous reconnaissons volontiers qu'à certains points de vue il offrira des avantages, mais il serait directement opposé aux habitudes et aux sentiments de la majorité des populations de la Grande-Bretagne et de l'Irlande, à quelque culte religieux qu'elles appartiennent. Il serait également opposé au principe (que nous considérons comme essentiel), qu'il faut, dans la mesure du possible fortifier et consa-- crer le lien civil par la célébration religieuse. Le but que recherche la législation civile peut être également obtenu aussi bien lorsque le mariage est passé sous la forme d'une célébration publique et religieuse, que lorsqu'il est entièrement indépendant de ces formes, pourvu que, dans tous les cas, le mariage soit régulièrement constaté. Il n'existe pas de raison absolue pour qu'un officier, appartenant à l'ordre civil, soit un témoin du mariage plus digne de foi qu'un ministre religieux autorisé à cet effet par la loi. Sans imposer au clergé d'aucune religion le caractère de fonctionnaire civil, l'Etat peut néanmoins obtenir de ses membres les mêmes garanties que celles qu'il obtient de ses propres fonctionnaires, en leur accordant le privilège, fort ambitionné, de célébrer des mariages produisant valablement des effets civils, aux conditions reconnues nécessaires pour le bien public. Ce système aura l'énorme avantage de conserver le fondement de la loi actuelle, laquelle, dans toutes les parties du Royaume-Uni, reconnaît comme pleinement valable le mariage célébré par un ministre du culte régulièrement autorisé, sans exiger nulle part que l'on recourre, sans pouvoir s'en dispenser, à ce mode de célébration. »

L'harmonie n'est pas parfaite entre les trois législations du Royaume-Uni ; des modifications de détail très nombreuses pourraient être introduites, mais le fondement lui-même n'est point destiné à subir de variations.

Le mariage contracté au mépris des formes prescrites pour la célébration est assez souvent frappé de nullité. Il en est ainsi notamment :

1° Du mariage contracté sans publications préalables et sans dispense de publications, à condition cependant que l'omission des publications ait été volontaire.

2° Du mariage contracté dans un lieu autre que celui où les publications ont été faites.

3° Du mariage contracté en dehors des lieux désignés par la loi.

4° Du mariage célébré par un fonctionnaire incompétent.

Le mariage, contracté sans les conditions de résidence, n'est pas nul. Ces conditions ne constituent qu'un empêchement prohibitif.

Les mariages contractés par les juifs et les quakers sont, depuis l'act même qui a rendu le mariage religieux obligatoire, soumis à des règles spéciales.

Les époux sont obligés de demander au *registrar*, à la circonscription duquel ils appartiennent, un certificat constatant que les publications légales sont faites, ou, s'ils veulent les éviter, une dispense de publication. Le mariage est célébré, non par le pasteur anglican, mais par des officiers spéciaux désignés par les comités aux consistoires de leur religion.

Les juifs et les quakers peuvent, du reste, s'ils le préfèrent, se marier devant le *registrar*.

Les mariages contractés par les Anglais à l'étranger sont réputés valables en Angleterre, lorsqu'ils ont été célébrés suivant les formes exigées par la loi du pays où ils ont été contractés, ou lorsqu'ils ont été célébrés conformément à la loi anglaise par des consuls ou agents diplomatiques anglais, ou par un aumônier ou chapelain attaché aux armées, à une ambassade, à une légation britanniques.

Le mariage contracté à l'étranger par un Anglais est valable même si les époux ont quitté l'Angleterre dans le but unique d'échapper aux conditions prescrites par la loi anglaise (1).

Les mariages contractés en Angleterre entre étrangers suivant les formes anglaises sont réputés valables en Angleterre. Enfin, il en est de même des mariages célébrés à l'étranger par un consul ou agent diplomatique anglais dans le cas même où l'un des époux est étranger. Nous savons cependant qu'en général, les mariages de ce genre ne sont valables que si les deux époux appartiennent à la même nationalité que le consul ou l'agent diplomatique. Aussi le *Foreing Office* a adressé le 28 février 1867, à ses consuls et agents diplomatiques, une circulaire leur recommandant d'attirer l'attention des futurs époux sur ce fait que le mariage contracté devant eux, entre Anglais et étrangers, n'est pas toujours considéré comme valable en dehors de l'Angleterre et des possessions anglaises.

Le mariage putatif est entièrement inconnu en Angleterre. Il ne peut donc être question de se demander si le mariage dont la célébration contient des irrégularités peut être considéré comme nul.

Il en est autrement en Écosse; le mariage putatif y existe et produit les mêmes effets qu'en France.

_____

(1) Story, *Conflict of laws*, p. 123.

On n'y a pourtant jamais soutenu que le mariage, frappé de nullité en raison d'un vice dans la célébration, puisse présenter le caractère du mariage putatif.

Enfin l'Irlande suit, sur le mariage putatif, les principes de la *common law* anglaise.

§. II. — *Écosse*.

En Écosse, l'ancienne distinction du droit cano_nique entre les mariages *per verba de præsenti* et les mariages *per verba de futuro* a été conservée. Avant le concile de Trente, les lois ecclésiastiques admettaient que l'engagement solennellement contracté par le futur époux en présence de la future épouse, accompagné du consentement (*ego te in meam accipio*), formait le mariage sans qu'une bénédiction fût nécessaire. Si le futur époux s'était exprimé ainsi : *ego te in meam accipiam*, il n'y avait que fiançailles et promesse de mariage; mais le mariage effectif s'en suivait aussitôt qu'il y avait eu cohabitation. On partait de l'idée que le consentement actuel, exigé pour le mariage *per verba de præsenti*, était donné au moment de la cohabitation et constituait ainsi le mariage *per verba de præsenti*.

La disposition du concile de Trente qui exigeait,

pour la validité du mariage, une déclaration solennelle en présence du prêtre, n'a pas plus été reçue en Écosse qu'en Angleterre.

On distingue donc encore aujourd'hui le mariage régulier ou mariage *per verba de præsenti*, et le mariage irrégulier ou mariage *per verba de futuro*.

Le premier, pour être contracté valablement, doit être précédé de trois publications faites dans l'église du lieu où les futurs époux se proposent de contracter mariage, à trois dimanches consécutifs, immédiatement avant le service divin. Le curé de la paroisse a le droit de dispenser d'une, ou de deux publications ; il ne peut dispenser de toutes les trois.

Après les publications, le greffier des marguilliers (*clerk of kirk-sermon*) délivre un certificat de ces publications ; le ministre du culte de la paroisse peut alors procéder à la célébration du mariage. Cette formalité s'accomplit ordinairement dans la demeure de la future, avec l'assistance de deux témoins. Le prêtre adresse aux parties une exhortation ; il reçoit de chacune d'elles, l'une après l'autre, la déclaration qu'elles veulent se prendre pour mari et pour femme. Puis il les déclare solennellement unies (statuts de 1661, chap. 34 ; de 1672, chap. 9 ; de 1690, chap. 27 ; de 1698, chap. 6). Toutefois le mariage devait être cé-

lébré avec cérémonie par le ministre anglican.
Aujourd'hui il peut l'être par le prêtre catholique.

En ce qui concerne le mariage irrégulier, les statuts
de 1661, chap. 34, et de 1698, chap. 6, avaient prononcé des peines sévères contre les personnes qui
contractaient mariage sans publications préalables,
ou devant une personne non autorisée par l'Église
établie; ces peines atteignaient aussi les individus qui
aidaient à ces mariages. Mais ces dispositions, sans
avoir été formellement abrogées, sont depuis longtemps tombées en désuétude. Aujourd'hui donc
encore, la simple promesse de mariage devant
témoin et suivie de cohabitation, sans l'assistance ni
d'un magistrat ni d'un ministre du culte, constitue
le mariage irrégulier.

Les mariages de Gretna-Green sont à ce propos
restés célèbres. On se rendait d'Angleterre à la
frontière d'Écosse, et notamment au village de
Gretna-Green, le plus rapproché de l'Angleterre,
pour y contracter mariage devant un habitant du
pays qui servait de témoin et en même temps
d'officiant jusqu'à un certain point. Cet individu
délivrait un certificat ainsi conçu : « Les présentes
sont pour certifier à tous ceux qui les verront que
un tel de la paroisse de X..., dans le comté de X...,
et une telle de la paroisse de X... dans le comté
de X..., étant ici présents et ayant déclaré qu'ils

étaient célibataires, ont été mariés aujourd'hui
selon les lois de l'Écosse, comme l'attestent nos
signatures. »

La maison d'un forgeron, fort rapprochée de la
frontière, servait de rendez-vous habituel aux époux.
On raconte que les *charges* de forgeron se vendaient
fort cher, que certains d'entre eux se retirèrent des
affaires avec 36000 livres (900,000 fr). Ce qui est sûr,
c'est que ces mariages causaient les plus violents
scandales, puisqu'on échappait très facilement aux
formalités et aux garanties exigées non seulement par
les lois étrangères mais aussi par les lois anglaises.

On pouvait même se marier en Écosse par *habite
and repute*, c'est-à-dire par la simple vie en commun, comme aujourd'hui encore en Amérique. Il
fallait seulement que la vie commune fût accom-
pagnée de circonstances extérieures en faisant pré-
sumer la légitimité. En 1811, un riche propriétaire
songea, par un jour de brouillard et de pluie, à se
suicider. Procédant méthodiquement à la mode
anglaise, il assembla autour de lui ses serviteurs,
et reconnut devant eux pour sa femme une dame de
compagnie habitant avec lui et dont il avait eu des
enfants; puis il rentra dans son cabinet et se fit
sauter ce qui lui restait de cervelle. La dame de
compagnie obtint devant la justice, par le seul fait
d'une reconnaissance publique, que ses droits de

veuve et ses enfants fussent déclarés légitimes (1).

Un procès très curieux a été, à ce propos, tranché par la Haute-Cour de la chancellerie le 9 avril 1881 (2). Il s'agissait d'un mariage qu'on prétendait avoir été célébré en 1796. Le demandeur prouvait au moyen d'une sorte de commune renommée que les deux prétendus époux avaient cohabité ensemble jusqu'à leur mort. Le défendeur objectait une enquête faite autrefois par le collège, auquel le prétendu mari appartenait en qualité de *fellow*. Aux termes des statuts du collège, un tel titre devenait, *ipso facto*, vacant par le mariage du titulaire, lequel était réputé démissionnaire. L'enquête faite par le collège, sur des plaintes qui lui avaient été adressées, avait paru démontrer que le mariage n'avait pas eu lieu, et le résultat de l'enquête fut porté sur le livre des protocoles. La Haute Cour de chancellerie décida que le mariage pouvait être prouvé par la commune renommée. Elle admit que le livre des protocoles du collège pouvait être considéré comme un registre authentique de nature à détruire la preuve résultant de la commune renommée; mais elle écarta dans l'hypothèse cette preuve contraire parce que les mentions

(1) Vibert, *op. cit.*, p. 13.

(2) *Law Times Reports*, t. XLIV, 1881, p. 508 (Fox. V. Bearblock).

relatives à cette procédure n'étaient pas signées sur le registre des protocoles par le notaire public (*notarius publicus*) qui servait de secrétaire (*registrar*) au collège.

Un act spécial, connu sous le nom d'act de Lord Brougham, a été rendu le 31 décembre 1856 pour remédier aux inconvénients des mariages écossais (19 et 20, Victoria, chap. 90). Il est à remarquer que cet act est exclusivement applicable aux mariages conclus, sous quelque forme que ce soit, en Écosse. Il est ainsi conçu dans son article 1er : « Tout mariage irrégulièrement contracté en Écosse par déclaration, avec ou sans cérémonie, doit être déclaré nul, à moins que l'un des conjoints n'ait eu sa résidence ordinaire en Écosse, ou n'y ait vécu pendant les 21 jours qui ont précédé le mariage » (1).

Des difficultés ont été tranchées par la Haute Cour de justice anglaise (division des divorces) le 9 février 1872 (*Lawford* & *Daviis*, 39; *Law Times Reports new series*, p. 111). Il s'agissait de savoir de quelle manière le délai de 21 jours devait être calculé. Il a été décidé :

1° Que le *dies à quo* devait être exclu.

2° Que les jours devaient être comptés non de midi à midi, mais de minuit à minuit, conformé-

____

(1) Voy. Hammick : *the Marriages law of England*, p. 271.

ment à la règle généralement admise par le droit privé.

Le système des *registrars* a été étendu de l'Angleterre à l'Écosse par un act de 1854. Un *registrar general* fut établi pour toute l'Écosse, et divers *registrars superintendants* pour des circonscriptions étendues. Enfin des *registrars subordinates* furent créés pour chaque paroisse. Les *registrars* remplissent dans les mariages religieux le rôle suivant: Ils délivrent aux parties des formules que celles-ci doivent remplir et faire signer ensuite par le ministre officiant. La formule, une fois remplie est signée, et retournée au *registrar* qui la transcrit sur son registre pour conserver une preuve du mariage. Tous les registres de l'Écosse sont centralisés entre les mains du *registrar general* qui en délivre des copies aux personnes qui les demandent.

§ III. — Irlande.

La législation du mariage en Irlande présente une complication toute particulière.

Nous ne disons rien des mariages contractés devant l'Église anglicane. Sur ce point la législation irlandaise n'est guère que la reproduction de la législation anglaise; seulement la dispense des publications est d'un prix moins élevé (5 shellings seulement) et par conséquent les demandes de dispenses sont beaucoup plus nombreuses. Le ministre du culte ne peut refuser de présider à la célébration du mariage des personnes munies d'un certificat du *registrar* les autorisant à se marier.

Enfin, pour la publication des bans, on peut exiger comme en Angleterre sept jours de résidence antérieure. Telles sont les seules différences entre le mariage religieux en Irlande et le mariage religieux en Angleterre. Le mariage civil fut toujours permis en Irlande comme il l'était en Angleterre; ce n'est même que récemment qu'il a été soumis à une réglementation. La *common law* a été pendant longtemps inusitée, et l'act de lord Hardwick promulgué en Angleterre dès 1753, sous le règne de Georges II, n'a jamais été étendu à l'Irlande.

La seule disposition de législation positive était celle qui interdisait la célébration des mariages mixtes, c'est-à-dire les mariages entre catholiques et protestants, devant un prêtre catholique. Les mariages de ce genre devaient être célébrés, à peine de nullité, devant le ministre anglican. Encore aujourd'hui cette disposition est en vigueur. De même les membres de l'Église anglicane et les dissidents ne pouvaient se marier que devant le ministre anglican; mais à la différence des précé-

dents, les mariages contractés en contradiction de
cette disposition n'étaient pas frappés de nullité. Au
reste, cette disposition n'a pas toujours été dans la
pratique rigoureusement observée.

Devant les difficultés qu'éprouvait l'interprétation
de la *common law*, et les procès qui éclataient cons-
tamment sur la validité des mariages mixtes, on fut
obligé de promulguer en 1844 un act qui reprodui-
sait en partie les dispositions contenues dans le
statut anglais de 1836.

Cet act eut pour objet de mettre sur la même
ligne les droits des ministres des futurs époux
appartenant soit à l'Eglise établie, soit à l'Eglise
presbytérienne. Si une seule des parties appartient
à la dernière de ces deux confessions, le mariage
peut être célébré désormais aussi bien dans le
temple presbytérien que dans le temple anglican.
Il doit être précédé de trois publications. On peut
être dispensé de l'une de ces trois publications ou
même de toutes les trois moyennant l'achat d'une
licence. Les publications sont faites à trois dimanches consécutifs ; elles doivent être précédées d'une
notice remise au prêtre six jours avant la publication et indiquant les noms, la résidence de chacun
des deux époux et la congrégation à laquelle ils
appartiennent.

La licence qui dispense des publications est dé-

livrée par un ministre désigné par l'assemblée
presbytérale et agréé par le lord lieutenant. Pour
avoir le droit d'obtenir une licence, il faut avoir
une résidence de quinze jours dans la localité où on
la demande ; et, en outre, présenter, sept jours à
l'avance, un certificat émanant du ministre de la
congrégation à laquelle on a appartenu pendant le
mois qui précède. Dans le cas où un seul des futurs
époux est presbytérien, le mariage ne peut être
célébré qu'avec licence.

Les ministres du culte, auxquels est conféré
le droit d'accorder des licences, désignent, d'une
manière générale et sur la demande des administrateurs des temples, au *registrar general* les temples
où peuvent être célébrés les mariages. Ces temples
sont enregistrés par le *registrar general*. Leurs
administrations ont compétence pour statuer sur
les oppositions.

Les *registrars* n'existaient pas en Irlande avant
l'act de 1814. Cet act les a créés dans les conditions
mêmes où ils existent en Angleterre, avec des *registrars superintendants*, et des *registrars subordinate*, et enfin, en tête, un *registrar general*.

Pour obtenir le certificat du *régistrar*, il faut lui
soumettre une notice rédigée sous la direction des
époux et déclarant pour chacun d'eux qu'ils résident
dans le district depuis plus de sept jours, qu'ils

fréquentent tel temple du culte et qu'ils l'ont fréquenté dans le mois qui a précédé, enfin indiquer leurs noms, prénoms, domicile. Le certificat est délivré vingt-et-un jours après le dépôt de la notice par les époux. Le *registrar*, avant de la fournir, doit communiquer la notice au ministre de l'Eglise fréquentée par les parties, et à celui dans l'Eglise duquel elles ont l'intention de faire célébrer leur mariage. Quant à la licence, elle n'est délivrée que sept jours après avoir été demandée.

Pour la célébration de l'union, les parties ont le choix : elles peuvent la faire célébrer dans le bureau du *registrar superintendant* ou dans celui du *registrar subordinate*, en présence de deux témoins, ou dans un temple religieux, par le prêtre de ce temple.

Les formalités préalables à la célébration sont donc les mêmes en toute hypothèse. Les formalités de la célébration elle-même sont les seules qui varient. Il convient d'ajouter que le mariage peut être célébré dans un temple religieux, si la demande d'enregistrement est faite par le propriétaire ou l'administration de ce temple, avec l'assistance de six *householders*.

Ces formalités, on le voit, sont très compliquées. Elles ne s'appliquent pas aux mariages entre catholiques. Pour ceux-ci, l'act de 1844 n'a rien innové, et la *common law* antérieure reste en vigueur. Par conséquent les ministres du culte célèbrent valablement les mariages sans qu'un enregistrement ait été fait.

Le mariage catholique s'opère sans qu'aucune publicité soit donnée. Il suffit que les consentements soient échangés dans une forme plus ou moins solennelle et que le prêtre déclare les époux unis. Mais les prêtres ne peuvent célébrer les mariages qu'entre personnes catholiques. Si, par erreur ou par illusion, ils célèbrent le mariage de deux personnes dont l'une n'est pas catholique, ce mariage est frappé de nullité. Une fois célébré, sous quelque forme que ce soit, le mariage est transcrit sur un registre conservé exclusivement, comme en Angleterre, par le *registrar*. La trancription a lieu immédiatement si le mariage est célébré devant le *registrar*. Pour les mariages religieux, les membres de l'Eglise établie et ceux de l'Eglise presbytérienne recoivent des registres sur lesquels ils inscrivent les mariages au fur et à mesure de leur célébration, et qu'ils transmettent au *registrar* quand ils sont terminés. Il en est de même pour les administrateurs des temples israélites et des officiers spéciaux des quakers.

Jusqu'en 1863, les mariages religieux ne pouvaient

être célébrés qu'en présence du *registrar* et de deux témoins, comme en Angleterre. En 1863, un act a été promulgué pour décider que la présence du *registrar* et des témoins serait désormais inutile.

Le mariage civil est contracté devant le registrar. Et ses formalités sont aussi simples que sont rigoureuses et multiples les prescriptions du mariage religieux.

CHAPITRE II

DISSOLUTION DU MARIAGE

L'Angleterre est protestante depuis plus de trois cents ans, et cependant le divorce (*divorcium a vinculo matrimonii*), ne s'y est introduit que fort tard et avec beaucoup de difficulté. Autant la loi anglaise voit avec facilité la formation du mariage, autant elle voit avec défaveur sa dissolution. Jusqu'aux temps modernes, elle ne connaissait que la séparation de corps (*divorce a mensa et thoro*). Les cours ecclésiastiques n'hésitaient pas à la prononcer chaque fois que la communauté d'existence était devenue impossible (1).

Quant au divorce proprement dit, elles ne l'admettaient pas, mais il pouvait être prononcé par acte du parlement, le plus souvent pour cause

(1) Adultère, sévices, injures graves, abandon prolongé, maladie incurable.

d'adultère de la femme « l'usage s'étant établi, nous dit Stephen (1), de la part du parlement, de mettre par exception son autorité souveraine au service du mari offensé (2).

Il est vrai de dire que pour passer un statut dans ce but, la Chambre des pairs avait coutume d'exiger que les cours ecclésiastiques aient au préalable prononcé le divorce *a mensa et thoro,* et que en cas d'adultère de la femme (car c'était surtout dans ce cas qu'intervenait un acte du parlement) son complice eût d'abord été condamné par une cour de « *common law* » à une certaine somme de dommages et intérêts vis-à-vis du mari.

Le règne d'Henri VIII vit une commission chargée d'élaborer les règles du divorce. Elle les réunit dans l'acte connu sous le nom de *Reformatio legum ecclesiasticarum.* Cet acte ne prit jamais force de loi (3).

Ce fut Lord Ross qui, en 1666, fut la cause de l'introduction du divorce en Angleterre (4). Il demanda en effet, et obtint contre sa femme adul-

(1) Edition de 1874.

(2) M. Glasson : *Mariage civil et divorce.* Pays où domine l'élément germanique.

(3) Lehr, *Eléments de Dr. civ. anglais.* (*loc. cit.*)

(4) V. thèse 1892. Appendice de législation comparée. (*Angleterre.*)

tère une séparation de corps. Il présenta alors une requête au Parlement pour avoir la faculté de contracter un nouveau mariage. Elle lui fut accordée.

Cette demande fut suivie de plusieurs autres qui produisirent le même résultat au parlement. Les ministres de l'Eglise anglicane furent consultés. Et comme ils déclarèrent que le divorce ne leur paraissait pas contraire aux règles de la religion, le divorce fut autorisé en cas d'adultère.

La loi de 1857 a admis concurremment la séparation de corps (*divorcium a mensa et thoro*), et le divorce proprement dit.

Cette loi s'applique à l'Angleterre et au pays de Galles, à l'exclusion de l'Ecosse et de l'Irlande. Nous lisons dans George Brown (*Principles and practice of the court for divorces and matrimonial causes —* 4ᵉ édition, 1880) que tout conjoint anglais, fût-il domicilié à l'Etranger, et son mariage eût-il été célébré hors de l'Angleterre, peut en invoquer les dispositions.

Les causes de la séparation de corps étaient du ressort des cours ecclésiastiques. Les causes de divorce furent attribuées par la loi de 1857 à une cour spéciale, appelée *Court for divorce and matrimonial causes.*

Depuis ce temps, cette cour des divorces a été à

son tour, par un act récent qui date de 1873, en-
globée dans la cour suprême de justice (*supreme
court of judicature*), pour y former une section spéciale (*Probate divorce and admiralty division*).

Ses attributions en sont très étendues, et elle
statue à deux degrés. Un bill de 1878 est venu modifier et améliorer la législation préexistante; et
lorsque la demande de divorce ou de séparation est
accueillie, la cour rend un premier arrêt provisoire
(*decree nisi*) que toute personne est admise à con-
tester, aussi bien les créanciers que le *Queen's
proctor*. Ce dernier est un magistrat dont la fonc-
tion fut instituée en 1860, pour s'opposer à toute
collusion frauduleuse entre les époux (1).

Cet arrêt provisoire a une durée de trois mois.
Si pendant ce délai il n'a pas été annulé, il est con-
verti en arrêt définitif (*decree absolute*).

La seule cause du divorce est l'adultère. Commis
par la femme, il n'a besoin d'aucune circonstance
aggravante; émanant du mari, il faut qu'il soit
accompagné soit de bigamie, d'inceste, de rapt soit
d'excès, de sévices, d'injures et de mauvais traitements ou de menaces violentes et persistantes.

Le mari qui intente contre sa femme une action
en divorce *doit* poursuivre le complice de celle-ci,

____

(1) Glasson : *Mariage civil, divorce.* — Angleterre.

à moins que pour des *raisons spéciales*, et dont l'examen est soumis à la cour des divorces, il n'en ait été dispensé. — Une fois divorcée, la femme reprend son nom de jeune fille, et reconquiert la libre administration et l'entière disposition de ses biens.

Tant que les divorces furent de la compétence du Parlement, ils demeurèrent très rares. Ils présentaient, en effet, un grave inconvénient, c'était celui de coûter excessivement cher, si bien qu'ils n'étaient accessibles qu'aux riches (1).

Même depuis qu'il est devenu beaucoup plus abordable, le divorce ne s'est guère répandu en Angleterre que dans des proportions relativement restreintes.

L'act de 1857 n'est pas appliqué dans les îles Normandes où la séparation de corps est encore aujourd'hui seule admise. — Il ne l'est point davantage ni en Ecosse, ni en Irlande.

D'ailleurs, il faut le reconnaître, la notion du mariage a toujours été assez sainement comprise en Angleterre.

« Se marier, dit M. Taine, dans ses notes sur l'Angleterre (2), c'est se donner tout-à-fait et pour toujours... La jeune fille reste anglaise, c'est-à-dire positive et pratique... Elle veut être l'auxiliaire,

(1) Taine : *Notes sur l'Angleterre*, p. 101.
(2) Taine, t. I, p. 282.

l'associée utile de son mari, dans les longs voyages dans les entreprises pénibles et même les travaux ennuyeux ou dangereux. »

La loi de 1857 a bien fait d'écarter toutes les causes de divorce que nous voyons dans d'autres législations et de l'entourer, même pour l'adultère, de nombreuses restrictions.

Il y a dans la loi anglaise une particularité qu'il est bon de noter, c'est que non seulement elle ne défend pas à la femme d'épouser son complice, mais l'honneur commande à celui-ci d'épouser la femme adultère.

A côté du divorce, subsiste parallèlement la séparation de corps.

Elle est accordée dans quatre cas :

Adultère, abandon sans motif pendant deux ans, cruauté et mauvais traitements, maladie incurable.

La séparation par consentement mutuel n'est pas admise. Et même on considère comme nulle la clause insérée dans un contrat de mariage pour pourvoir a l'éventualité d'une séparation, ou la condition mise à une donation faite à une femme mariée qu'elle en perdrait le bénéfice si elle quittait le domicile conjugal.

La femme séparée judiciairement reprend une pleine capacité, absolument comme si elle n'était plus engagée dans les liens du mariage (feme sole).

Elle administre ses biens, et peut en disposer à son gré.

Elle peut ester en justice soit comme demanderesse, soit comme défenderesse; en aucun cas, elle n'a besoin d'autorisation maritale. Si elle meurt, sans avoir fait de testament, ses héritiers recueillent sa succession, comme si elle n'avait pas de mari (1).

Toutefois, lorsqu'elle n'est pas coupable, son mari peut être condamné à lui payer une somme d'argent ou une pension alimentaire (*alimony*) dont le chiffre peut d'ailleurs varier, et qui peut s'élever à la moitié des revenus du mari.

De par la loi de 1857, les tribunaux se sont trouvés investis de la faculté, qu'ils ont conservée depuis par le bill de 1878, de modifier les conventions matrimoniales faites au profit de la femme, et d'attribuer une partie de ses revenus aux enfants ou au mari, lorsque c'est l'adultère de la femme qui a donné lieu au divorce ou à la séparation de corps.

Ils peuvent même également ordonner dans ce cas qu'une partie des biens de la femme soient

(1) Le projet de loi actuellement soumis aux Chambres françaises porte que la femme séparée de corps recouvrera la presque totalité de sa capacité civile, et n'aura plus besoin d'autorisation maritale. Ce sera un très grand progrès qui rendra inexcusable le recours au divorce.

substitués (*settled*) au profit de l'époux innocent ou des enfants issus du mariage (1).

(1) Glasson : *Mariage civil et divorce.* — Angleterre. — St. 22 et 23. Vict. C. 61, § 5. — St. 20 et 21. — Vict. C. 85, § 45.

ÉTATS SCANDINAVES

SUÈDE (¹)

CHAPITRE PREMIER

FORMATION — CÉLÉBRATION DU MARIAGE
LOI DE 1734 — LOI DU 20 JANVIER 1863
LOI DU 31 OCTOBRE 1873

Autrefois le mariage n'était assujetti en Suède à aucune forme obligatoire : il consistait dans une simple convention, un consentement intervenant non pas entre les futurs époux mais entre le père de la jeune fille et son futur gendre. Celui-ci lui payait le *mundr*, ou don d'honneur fixé comme prix du mariage, en présence de deux témoins; et le mariage était conclu. C'était une cérémonie de fa-

______

(1) V. l'article de E. d'Olivecrona : *Le Mariage des étrangers en Suède et des Suédois à l'Étranger (Journal de Droit international privé*, 1883, p. 343).

mille absolument intime et privée, et à laquelle n'intervenait ni autorité civile, ni autorité religieuse.

Telle était encore la forme usitée aux treizième et quatorzième siècles, malgré les efforts que l'Eglise fit de bonne heure pour prendre dans la célébration du mariage une place prépondérante La seule modification qu'elle parvint à imposer fut la publication des *bans* préalablement au mariage.

Une bulle adressée par le Pape Innocent III consacrait cette innovation dès l'année 1216 (1).

C'était évidemment bien peu de chose. Aussi de vigoureux efforts, maintes fois répétés, furent-ils tentés par le clergé pour rendre obligatoire le mariage religieux. Mais lorsqu'il s'agit d'introduire dans les coutumes cette innovation, on se heurta à une résistance presque générale. La loi d'Ostrogothie fut la seule qui, au quatorzième siècle, consentit à à obliger les futurs époux à se présenter devant le prêtre.

Lorsque après les troubles du seizième siècle, la réforme finit par l'emporter en Suède, le clergé en profita pour amener, dans la mesure du possible, le caractère obligatoire de la cérémonie religieuse.

Le plus ancien code ecclésiastique, promulgué en 1571 (art. 18), organisa et réglementa le mariage

______

(1) *Diplomatarium Svecanum*, t. 1, p. 182.

religieux, mais il était dépourvu de force et de sanction civiles. Il ne pouvait infliger aux contrevenants
que des peines religieuses.

Ce code, tout en assignant à la célébration religieuse un caractère obligatoire, n'en faisait pas le
point de départ des effets du mariage, qui ne dataient
que du jour de la première cohabitation.

Le code ecclésiastique de 1686 qui, aujourd'hui
encore pour les matières religieuses, est en vigueur
en Suède, décide que la bénédiction religieuse est
une *condition nécessaire* du mariage légal, mais que
l'effet en est subordonné à la première cohabitation.

Les dispositions de ce Code avaient été arrêtées
entre l'Eglise et l'Etat. Il avait donc force obligatoire
pour les particuliers, et l'on peut dire que la nécessité du mariage religieux était, à dater de sa pro-
mulgation, introduite en Suède.

Le Code civil de 1734 qui, aujourd'hui encore, est
en vigueur dans la Suède, fut promulgué à une
époque où la lutte religieuse avait changé de face,
et où la suprématie du clergé luthérien avait perdu
du terrain. Le contre-coup s'en fit ressentir dans
les règles concernant le mariage. « La cérémonie
religieuse (1) continua à rester obligatoire, mais elle
constitua plutôt un complément du consentement
des époux qu'une constatation de ce consentement.

(1) M. d'Olivecrona (*loc. cit.*).

Et comme l'Eglise perdit en même temps le droit qu'elle avait auparavant d'examiner les causes de prohibition et de consentir à la rupture du lien conjugal, son rôle fut bien diminué. — Il est vrai que la cérémonie religieuse, bien que modifiée, restait obligatoire. Et la législation moderne, en Suède, est une de celles qui reconnaissent le caractère religieux du mariage. »

« Le législateur de 1734, dit M. d'Olivecrona, a certainement voulu énoncer les principes suivants : Le mariage relève plutôt du droit civil que du droit ecclésiastique; il constitue une union personnelle contractée entre l'homme et la femme sous l'égide de l'Etat. Cette union est fondée sur une convention libre entre les contractants. Elle est contractée pour la vie et indissoluble dans son idée. Enfin, en conformité des sentiments du peuple et pour en maintenir la sainteté dans l'esprit des populations, elle doit être consacrée par la cérémonie religieuse de la bénédiction.

En dépit de tous les efforts du clergé catholique, jamais il n'est venu à l'idée du législateur suédois de voir un sacrement dans le mariage.

Le caractère du droit privé du mariage, joint à sa base contractuelle, a, dans l'opinion du législateur suédois, donné au pouvoir séculier le droit de fixer par la Loi Civile, en vue des intérêts de l'Etat, toutes

les conditions attachées à la célébration d'un
mariage légal. En dépouillant l'Eglise de son droit
exclusif de juridiction dans les questions matrimoniales, le législateur de 1734 crut cependant (étant
donné la nécessité de fixer un certain acte notoire
comme point de départ des droits et des obligations
découlant du mariage), qu'il serait plus convenable
et en même temps plus conforme aux idées et aux
coutumes d'un peuple religieux, de laisser à
l'Eglise le soin de faire procéder par ses ministres
à l'accomplissement du mariage, que d'ordonner
une mesure générale émanant de l'autorité civile. »

M. d'Olivecrona voit dans le mariage religieux une
concession faite au ministre des cultes; concession
qui « répond » d'ailleurs aux idées et aux coutumes
d'un peuple religieux.

C'est à notre avis une erreur de la part de
M. d'Olivecrona. Il suppose en effet chez le législateur de 1734 des principes et des idées qui ne se
manifestent nullement dans l'esprit et les dispositions de la loi de 1734, laquelle a vu dans le mariage un contrat solennel ne pouvant être conclu
que par l'autorité et dans la forme religieuse.

Disons maintenant un mot des formalités de la
célébration du mariage contenues au Code ecclésiastique de 1686, et reproduites par le Code civil
de 1734.

Deux jours après la première publication des bans (les bans se publient trois dimanches de suite à l'Eglise de la paroisse territoriale où l'épouse est domiciliée), les époux se présentent devant un pasteur de l'Eglise luthérienne spécialement chargé de procéder aux mariages. Celui-ci demande à chacun des futurs conjoints s'il donne son consentement libre au mariage. Sur leur réponse affirmative, le pasteur les déclare unis (Code de 1734 — Section du mariage. Chapitre IX, art. 1, et chapitre X, art. 1). C'est à partir de ce moment que se produisent tous les effets *civils* du mariage.

Une exception importante est apportée à la nécessité du mariage religieux. Si, la fiancée se trouvant en état de grossesse, ie fiancé refuse après une promesse de mariage de se rendre à l'église, le tribunal peut *déclarer* que cette dernière est l'épouse légitime du fiancé. D'un autre côté, si après lui avoir fait une promesse de mariage, un homme rend une femme mère et prétend ensuite n'être pas le père, ou n'avoir point conclu cette promesse, la femme pourra prouver ces deux faits devant le tribunal qui la déclarera alors épouse légitime. Dans les deux cas, toute cérémonie religieuse sera inutile.

Ces deux exemples ne pouvaient être considérés comme de véritables dérogations reposant sur

l'admissibilité du mariage civil. Les motifs particuliers qui les avaient fait introduire en constituaient une justification suffisante.

Mais l'extension des relations internationales, et
la nécessité de permettre les mariages entre
personnes appartenant à des cultes différents, rendaient impossible le maintien sans restriction de
cette législation.

Les pasteurs refusaient de célébrer les mariages
mixtes, c'est-à-dire les unions entre membres de
l'Eglise évangélique luthérienne et israélites, quoiqu'ils consentissent à unir des personnes luthé-
riennes avec des personnes catholiques.

Les Baptistes, de leur côté, ne voulaient pas consentir à se laisser marier par des prêtres luthériens.

Enfin les personnes, appartenant à une même religion, différente de la religion luthérienne, n'a-
vaient aucun mode de célébration dont ils pussent
se servir.

La loi du 20 janvier 1863 introduisit pour la première fois le mariage civil en Suède, mais le restrei-
gnit au cas d'un mariage entre chrétiens et israélites.

C'était la première manifestation législative du
mariage civil entre *dissenters*.

La loi du 31 octobre 1873 vint compléter la précédente. Elle décida d'abord que le mariage entre

deux personnes d'une même religion, différente de
la religion luthérienne, serait obligatoirement célébré selon les rites de leur religion par leur pasteur
et dans leur temple pourvu que :

1° Les bans eussent été publiés conformément à
la loi suédoise dans la paroisse territoriale du rite
luthérien ;

2° Le gouvernement eût conféré expressément au
clergé de cette religion le droit de procéder à la
célébration du mariage. Cette disposition rencontre
notamment une application pour les catholiques et
pour les protestants appartenant à l'Église réformée.

La loi du 31 octobre 1873 décida que le mariage
civil serait applicable :

1° Si les deux contractants appartenaient à une
religion différente (aucun d'eux n'étant luthérien)
possédant un clergé auquel le gouvernement aurait
confié le soin de la célébration religieuse du mariage avec les effets légaux. Ceci s'appliquait notamment au mariage entre catholiques et protestants de la religion réformée.

2° Si un seul des contractants était d'une religion
de cette nature. — Ceci s'appliquait notamment au
mariage entre catholiques et baptistes.

3° Si l'un des futurs époux était membre de
l'Église luthérienne suédoise et que le second appar-
tînt à une autre confession également chrétienne.

4° Si aucun des deux futurs époux n'appartenait
à l'Église luthérienne ou à l'une des religions étrangères pourvues d'un clergé ayant le droit de procéder à la célébration.

Enfin la loi du 15 octobre 1880 est venue étendre
le mariage civil au cas où l'un des futurs époux
n'aurait pas été baptisé, et à celui où l'époux
n'appartenant pas à la religion luthérienne, n'aurait
pas participé au sacrement de la Sainte-Cène dans
l'Église suédoise.

Dans l'hypothèse réglée par la loi de 1863 et dans
les trois premières de celles que prévoit la loi de
1873, le mariage civil n'est que facultatif. Le mariage peut également être célébré religieusement
devant un ecclésiastique autorisé, appartenant à
l'une ou à l'autre des religions dont les prêtres ont
reçu le droit de procéder à la bénédiction nuptiale.

Dans le dernier des cas indiqués par la loi de 1873,
et dans celui qui est réglé par la loi de 1880, le mariage civil est obligatoire.

Les autorités chargées de procéder au mariage
civil sont les officiers municipaux dans les villes, et
l'officier de bailliage (*Kronofogde*) dans les cam-
pagnes.

Les contractants sont tenus, pour faire constater
qu'il n'existe pas d'empêchement au mariage, de
présenter un certificat délivré par le pasteur de

l'Église luthérienne à laquelle appartient la femme, et constatant que la publication a été faite conformément à la loi, et qu'aucune opposition à la célébration du mariage n'a été formée. Puis, en présence de témoins, l'officier de l'état-civil demande solennellement aux époux s'ils se prennent mutuellement pour mari et pour femme. Après une réponse affirmative des contractants et promesse formelle de s'aimer « dans l'héur et dans le malheur », on dresse un procès-verbal de l'acte.

La cérémonie du mariage des étrangers en Suède nécessite une observation. Il va de soi qu'en principe le mariage doit être célébré suivant les formes requises par la loi suédoise. La cérémonie, pour être considérée comme valable en Suède, doit être faite par un pasteur dûment institué suivant les rites de la confession à laquelle appartient l'un ou l'autre des époux, et dans les formes prévues par la loi du 31 octobre 1873.

Une vieille tradition qui est passée dans les lois modernes, et qui avait été consacrée par le code de 1734, veut que le droit de marier une fille soit considéré comme une véritable propriété.

Le code de 1734 détermine avec soin quelles sont les personnes, les unes à défaut des autres, qui sont investies de cette importante prérogative.

Celui qui a le droit de marier une fille s'appelle

giftoman. Le père le possède, à l'exclusion de la mère qui est seulement consultée. — Si le père est mort, la mère devient « giftoman ». A son défaut ce sont de degré en degré les plus proches parents mâles.

La législation de 1734 a été heureusement modifiée. Une ordonnance du 15 juin 1858, et une autre du 16 novembre 1863 ont déclaré les femmes majeures à partir de vingt-cinq ans. Une ordonnance du 8 novembre 1872 a ajouté qu'à l'avenir la fille majeure n'aurait plus à obtenir le consentement du giftoman pour son mariage, et que ni le père, ni la mère n'auraient le droit de déshériter leur fille majeure de vingt-cinq ans qui se serait mariée sans leur consentement.

M. Glasson, à propos du mariage civil et du divorce en Suède (*op. cit.*), cite cette autre particularité de la législation suédoise ; c'est l'importance extraordinaire qu'elle donnait autrefois aux fiançailles ; c'est une loi de Sutland qui portait que lorsqu'une femme avait cohabité et dîné avec un homme, pendant deux heures, et tenu les clefs de la maison, ses enfants étaient légitimes.

CHAPITRE II

CAUSES DE DISSOLUTION DU MARIAGE EN SUÈDE

La loi suédoise admet le divorce pour causes déterminées et la séparation de corps temporaire (code de 1734).

Les causes de divorce sont : l'adultère, l'abandon, l'absence et l'impuissance.

Le code de 1734 ajoute que le divorce pourra encore être obtenu si, au cours du mariage, il était reconnu et prouvé que, depuis les fiançailles jusqu'au mariage, le mari ou la femme avait eu avec un étranger un commerce illégitime. Ce serait là plutôt une cause d'annulation du mariage, puisque les faits incriminés seraient antérieurs à la célébration du mariage.

L'époux, contre lequel le divorce a été prononcé pour cause d'adultère, est à la merci de son conjoint pour pouvoir se remarier. Car toute nouvelle union lui est défendue tant que son conjoint qui a obtenu le divorce n'est point décédé, ou ne lui a donné son consentement.

A côté du divorce, le code de 1734 admet aussi la séparation de corps temporaire. Mais avant qu'une action en séparation ne soit introduite, les époux sont obligés de tenter deux fois une réconciliation ; la première se passe devant le curé de la paroisse, et la seconde devant le chapitre consistorial. Après ces deux tentatives de conciliation, et en admettant qu'elles soient restées infructueuses, le juge ne peut point encore prononcer la séparation. Il faut qu'auparavant une amende, qui est d'environ 25 dalers, soit payée par l'époux coupable. — Si les deux époux sont en faute, l'amende est répartie entre eux en proportion de leur culpabilité (1).

Les dispositions du code de 1734 ont été complétées par différentes lois qui ont ajouté les causes de divorce suivantes : la réclusion à perpétuité ou le bannissement, l'attentat à la vie de l'un des conjoints par l'autre, la démence incurable.

Enfin, un époux peut obtenir le divorce, en adressant une requête au roi, lorsqu'il y a eu condamnation infamante, conduite déshonorante, ou même simplement incompatibilité d'humeur (2)

(1) Glasson (*op. cit., loc. cit.*)
(2) Loi du 27 avril 1810.

NORVÈGE

Aux termes du Rituel du 25 juillet 1685, les personnes appartenant à la religion de l'Etat sont obligées de se marier religieusement. Le mariage est célébré publiquement, dans l'Eglise, par le ministre du culte du domicile de la femme.

La loi du 16 juillet 1845 autorise le mariage civil pour ceux qui n'appartiennent pas à la religion luthérienne.

Ce mariage est contracté devant un notaire qui doit exiger l'accomplissement des formalités et des conditions requises pour le mariage des luthériens.

Le divorce est admis dans la Loi Norvégienne (1). Il peut être demandé pour cause d'adultère; d'abandon sans motif pendant au moins trois ans; d'absence sans qu'il y ait présomption de mort,

(1) Code de 1687.

et que cette absence remonte à sept ans (Code de
1687, 3, **18**, **15**, 2 § 3); de condamnation à une
peine perpétuelle.

Le divorce par consentement mutuel est également admis, mais à la suite d'une séparation *temporaire* prononcée par les tribunaux civils et qui
ne peut excéder *trois* ans (1).

(1) La Suède et la Norvège n'ont jamais considéré l'état de
séparation de corps comme pouvant durer pendant toute la vie.
— Leurs lois n'ont voulu y voir qu'une situation transitoire, pré-
cédant le divorce qui n'est prononcé, dans certains cas, qu'après
cette première épreuve.

DANEMARK

C'est en 1684, sous le règne de Christian V, qu'un Code uniforme fut promulgué en Danemark. Au temps où ce vaste recueil fut élaboré, il constituait une œuvre législative considérable. Il traitait de droit de famille, d'état civil, de droit ecclésiastique, de droit maritime, de droit pénal et de procédure. Avec les progrès et l'évolution des institutions, cet ensemble de lois fut bientôt en désaccord et en contradiction avec les besoins du pays. Aussi une série de lois vinrent-elles compléter et modifier ses dispositions sur bien des points. Telles furent les ordonnances des 5 mars 1734, 19 février 1783, 4 janvier 1799, 30 avril 1824.

Certaines lois concernant le mariage ont été puisées dans le rituel ecclésiastique.

L'élément religieux est resté prepondérant en Danemark, au point de vue de la célébration du mariage. C'est le ministre du culte auquel appartiennent les futurs époux qui doit seul y procéder.

La loi civile se borne à s'occuper des causes de nullité du mariage et des effets qu'il produit. Le mariage peut donc être considéré comme un acte religieux en la forme et civil dans le fond. La plupart des dispositions se référant aux conditions de capacité, de consentement, etc., ont été empruntées à la législation suédoise et nous n'y reviendrons pas.

Le code de Christian V admet le divorce.

L'adultère de l'un des époux en est la principale cause. Si l'autre s'en est également rendu coupable, le divorce ne sera pas, comme cela se passerait chez nous, prononcé aux torts réciproques des deux époux; mais l'action ne pourra pas être intentée, car la loi voit dans la réciprocité des griefs une compensation qui éteint l'instance.

Cependant, si, dans la suite, cette égalité de situation se rompait par ce fait que l'un des époux continue ses débordements, tandis que l'autre s'est complètement amendé, il y aurait lieu de reprendre l'instance au bénéfice de l'époux dont la conduite s'est améliorée.

L'époux innocent peut se remarier aussitôt après le jugement qui prononce le divorce en sa faveur. Mais lorsqu'il s'agit d'une femme adultère, elle ne

peut se remarier qu'après un délai de trois ans, avec
l'autorisation du roi et en produisant des certificats
attestant que sa conduite a été *régulière et chrétienne*. De plus, dès qu'elle est remariée, elle est
frappée d'une sorte d'interdiction de séjour dans la
paroisse, la ville où le district où réside son premier époux.

La seconde cause de divorce consiste dans la *deser-
tio* ou abandon du domicile conjugal. C'est à l'expiration d'un délai de trois ans que le conjoint aban-
donné peut porter sa plainte devant le premier degré
de juridiction (*herredsting*) puis devant le second
qui est un tribunal d'appel (*landsting*). — Il doit
de plus apporter ses preuves devant le *consistorium*,
accompagné d'un certificat de son curé, contresigné
par tous les habitants de sa paroisse, constatant sa
bonne conduite depuis le départ de son conjoint.

Le Code de 1684 decide que lorsqu'un condamné
à mort ayant obtenu une commutation de peine
s'échappe, et reste trois ans absent, son conjoint
peut se remarier.

Le Code de Christian V admet *la séparation temporaire*, (comme la loi suédoise,) lorsque les époux
recourent au divorce par consentement mutuel mais
dans ce cas-là seulement.

Peut-être peut-on considérer une autre hypothèse
où elle serait encore admise quoique le Code danois

ne le dise pas explicitement: c'est celle de la *de-sertio* placée sur la même ligne que l'adultère. Cet abandon, qui fait que l'époux qui en est victime doit être considéré comme séparé de corps, doit avoir duré *trois ans* avant qu'une demande en divorce ne devienne possible.

PAYS-BAS

HOLLANDE

D'une façon générale, les règles du Code civil hollandais de 1838 ne s'écartent pas sensiblement de celles de notre législation. Le principe du mariage civil y est consacré, et il précède comme en France l'union religieuse (Art. 107 à 112 et 126 à 136 du Code de 1838) (1).

Les publications se font exactement dans la même forme. La célébration a lieu de la même manière.

L'officier de l'état-civil doit se faire remettre par les futurs époux les actes de décès des ascendants dont le consentement eût été requis s'ils eussent été vivants; l'acte de divorce ou le jugement de déclaration d'absence du précédent conjoint.

(1) V. A. de Saint-Joseph : *Concordance du Code civil hol-landais avec le Code civil Français.* — Titre IV, sect. II, art. 107 et suiv.

Le mariage doit être célébré à la mairie. Si l'un des futurs époux se trouvait dans l'impossibilité de s'y rendre, la célébration du mariage peut avoir lieu chez lui-même. — Une dérogation importante au Code civil français se trouve dans l'art. 134, qui autorise le mariage par procureur avec la permission du roi et à la condition que la procuration soit authentique.

Le Code de 1838 admet le divorce et la séparation de corps, mais il semble résulter de ses dispositions que le divorce ne peut avoir lieu par le consentement mutuel des époux (art. 263). Cependant ce que l'on ne peut faire directement peut être obtenu d'une façon bien simple.

La séparation de corps par consentement mutuel est autorisée. Or, d'après l'art. 255, le divorce peut être obtenu lorsque la séparation de corps a duré cinq ans sans que la réconciliation se soit produite. Donc le divorce obtenu dans ce cas résulte en dernière analyse du consentement mutuel des époux.

D'après l'art. 264 qui énumère les causes de divorce, nous voyons qu'elles sont à peu de chose près les mêmes que dans notre loi. Cependant, en ce qui concerne les excès et les sévices, ils ne peuvent motiver une demande de divorce qu'autant qu'ils sont considérés comme ayant mis en péril la vie de l'époux demandeur, ou comme ayant occasionné des blessures dangereuses (art. 264).

Le Code hollandais indique encore comme cause de divorce « l'abandon malicieux » d'un époux par l'autre pendant cinq ans au moins (art. 264 et 266).

Chez nous cette cause n'est pas explicitement exprimée et ne subit pas de réglementation spéciale. Il faut reconnaître cependant qu'elle est implicitement comprise sous la dénomination générique d'injures graves.

L'art. 279 dispose que l'époux au profit duquel a été prononcé le divorce conserve ses droits de survie. Les pensions qui ont été promises par des tiers dans le contrat de mariage continuent à être servies à l'époux divorcé au profit duquel elles avaient été stipulées.

A côté du divorce, la loi de 1838 a institué la séparation de corps. Elle ne constitue plus comme en Suède, en Norvège et en Danemark, une situation temporaire et transitoire qui n'attend que la solution du divorce, mais elle engendre un état de fait définitif.

Les art. 288 et 289 disent en effet que dans les cas où il y a lieu à une demande en divorce pour cause déterminée, il sera libre aux époux de demander une séparation de corps. Mais (et ceci à la différence de notre législation française), le Code hollandais permet aux époux de demander la séparation de corps par consentement mutuel. — Ils doivent dans ce cas arrêter préalablement *par acte authentique* toutes les conditions de la séparation tant pour eux que pour leurs enfants. — Ils doivent également soumettre à l'homologation du juge les arrangements provisoires arrêtés par eux pour le temps intermédiaire entre la demande et le jugement.

Par conséquent, lorsqu'il s'agit de la séparation forcée, nous voyons que l'art. 288 fait des causes de divorce celles de la séparation, puisqu'il dit : « Dans les cas où il y a lieu au divorce, les époux pourront former une demande en séparation. »

Cette identité de cause fait que l'époux séparé qui demanderait ensuite le divorce, en s'appuyant sur les faits qui ont donné lieu à la séparation, se verrait opposer l'exception de chose jugée. — Ce principe est d'ailleurs nettement établi par l'art. 290 qui dispose « que l'époux, qui a formé une demande en séparation de corps, ne sera point recevable à intenter une action en divorce pour la même cause ». Comment alors expliquer l'art. 255 aux termes duquel « chacun des conjoints séparés depuis cinq ans peut provoquer un jugement de divorce » ? Et lorsque l'on se demande, en étudiant ce point de législation en Hollande, si le Code de 1838 a entendu édicter une mesure semblable à la conver-

sion de la séparation de corps en divorce, établie en
France par la loi de 1884, on a de nombreuses raisons d'hésiter pour l'affirmative. — Examinons
très brièvement la question :

En ce qui regarde notre conversion, on peut sou-
tenir que ce qui a été jugé quant à la séparation ne
l'a pas été quant au divorce. Et si cette opinion a
contre elle un parti très important dans la doctrine
du moins n'y a-t-il pas de texte formel qui la condamne. — Il en est autrement dans le Code hollandais dont l'art. 290 conclut à l'exception de chose
jugée. — C'est donc que la durée pendant cinq ans
de la séparation de corps devient à elle seule une
cause de divorce. Et cependant, il nous semble que
cette solution n'est guère en harmonie avec les
textes ; car l'art. 264 qui énumère les causes de
divorce est très limitatif puisqu'il commence par
ces mots : « Les *seules* causes de divorce sont... » Et
nous ne voyons pas qu'il fasse entrer dans son énu-
mération la « durée de la séparation de corps. »

Cependant nous estimons qu'il ressort de l'esprit
de la loi, et de l'interprétation saine de l'art. 255,
que la pensée du législateur de 1838 a été de faire
de la séparation une *cause* de divorce. — Si bien
qu'à notre sens, il faut donner à l'article 255 du
Code hollandais la même signification et la même
portée qu'à l'art. 310 du Code civil français. —

L'effet est le même mais là se borne l'assimilation. Car jamais il n'est entré dans l'esprit du législateur de 1838, l'idée de la « conversion » telle que la loi de 1884 (1) l'a conçue. Il n'a d'ailleurs établi aucune procédure spéciale. Il a tout simplement voulu décider que lorsque l'époux n'aura à invoquer pour obtenir le divorce que la durée de sa séparation, il devra attendre cinq ans pour le faire, et ce au moyen d'une demande *ordinaire* en divorce.

Quoique la législation hollandaise s'écarte encore de la nôtre sur bien des points, elle est cependant, après la législation belge qui a copié notre Code Napoléon, celle qui s'en est le plus rapprochée et à ce titre, il était intéressant d'en faire un rapide examen sur le point qui nous occupe.

En droit pur, cette législation est très logique et très précise dans ses textes.

En législation, en morale, elle est en butte aux mêmes critiques que la loi française, puisqu'elle a mis le divorce à l'ordre du jour ; et des abus semblables à ceux dont nous sommes les témoins attristés se produisent de plus en plus en Hollande.

En France, les partisans du mariage exclusivement civil ont été logiques en restaurant le divorce.

______

(1) Rétablissant le divorce en France.

Il est, en effet, la conséquence de l'union conclue
sans Dieu ; il vient délier naturellement ce qu'un
homme avait lié ; il vient rompre le mariage sans
souci de la morale qu'il outrage, de la famille qu'il
désorganise, de la société qu'il trouble. Et ces bou-
leversements qu'engendre le divorce menacent tous
les jours ceux qui, n'ayant pas de religion, ont dû
recourir à l'union purement civile. Celle-ci les con-
duit au divorce comme leur irréligion les a con-
duits à elle. L'irréligion ! voilà donc la cause de
tout le mal ; voilà le principe fatal qui a détruit
dans l'esprit des peuples la vraie notion du mariage. — Avec l'union purement civile et le divorce,
elle a précipité le mariage du haut de ce piédestal
sacré sur lequel l'avait élevé la religion chrétienne,
pour le réduire au rôle misérable et fragile des
institutions humaines.

FIN

TABLE DES MATIÈRES

ÉTATS SCANDINAVES

ÉMILE COLIN. — IMPRIMERIE DE LAGNY.